Ruedi Kündig, Bibellesebund

Kommt mein Hund in den Himmel?

und weitere 56 Kinderfragen zum Glauben

+++ Muss man vor dem Einschlafen beten? +++

+++ Hatte Jesus einen Bart? +++

+++ Wie sieht Gott aus? +++

Gewidmet meinen vier Töchtern
Angelika, Eliane, Désirée, Tatjana
und unseren kleinen Hunden Susi und Strolch.

Text: Ruedi Kündig, Bibellesebund
Umschlag und Illustrationen: Claudia Kündig
Lektorat: Adonia Verlag
Satz: David Hollenstein
Die Bibeltexte stammen aus der Revidierten Guten Nachricht Bibel,
Deutsche Bibelgesellschaft, Stuttgart

Besten Dank an Brigitte Fuchs, René Caruso Graf, Ruth Kündig
und die Kinder vom «Bibelclübli» Bichelsee für ihre Mithilfe.

ISBN 978-3-03783-059-8

www.adonia.ch / www.bibellesebund.ch

Inhalt

Fragen zu unserem Gewissen

Fragen zu Pfingsten

Fragen zum Himmel und den Engeln

Fragen zur Bibel

Kinder in der Bibel: Der Junge Samuel

Fragen zum Beten und «Vaterunser»

VORWORT
«VON KINDERN LERNEN»

«Was hat Gott Großes gemacht?»
«Die Welt.»
«Stimmt. Aber hat er noch etwas Größeres gemacht?»
«Das Universum.»
«Stimmt auch. Aber hat Gott noch etwas viel, viel Größeres gemacht als das Universum?»

Hoppla. Was frage ich da? Ich weiß ja die Antwort selbst nicht, merke ich gerade. Da stehe ich also vor den dreißig Kindern unserer Sonntagsschule und weiß nicht weiter, weil ich mich mit meiner eigenen Frage selbst überfordert habe. Was hätten Sie, liebe Leserin, lieber Leser, geantwortet? Was meint ihr, liebe Kinder?

Oh Freude, ein Kind, ungefähr elf Jahre alt, meldet sich. «Weißt du es? Was hat Gott gemacht, was noch viel größer ist als das Universum?»

«Die Liebe.»

Jetzt bin ich schachmatt. Diese Antwort wäre mir nie in den Sinn gekommen. Ich dachte an schwarze Löcher oder die Ewigkeit oder das Universum hinter dem Universum oder … oder … oder.

Das 11-jährige Kind hat natürlich völlig recht: Die Liebe ist das Größte, sie bleibt ganz am Schluss allein übrig.[1]

---

1   1. Korinther 13,13

Warum? Ganz einfach: Weil Gott selbst die Liebe ist.[1]

Am besten fragen wir unsere Kinder, wenn uns im Glauben etwas nicht ganz klar ist. Der Kinderglaube wird ja von Jesus selbst als vorbildlich hingestellt.[2] So wie Kinder den Glauben sehen und erleben, ist es wahrscheinlich «richtiger», als wie wir Erwachsenen den Glauben zu beschreiben versuchen.

In dieser Haltung gegenüber Kindern möchte ich versuchen, einige «typische» Fragen von Kindern zum Glauben zu beantworten. Ich mache dies im Wissen, dass diese Antworten bruchstückhaft bleiben[3] und auch in der Angst, dass ich vielleicht in ein paar Jahren vieles wieder anders gewichten würde.

Ruedi Kündig

---

1 1. Johannes 4,8
2 Matthäus 18,3
3 1. Korinther 13,9

FRAGEN ÜBER GOTT

«Wie sieht Gott aus?»

Wir würden alle gerne wissen, wie Gott aussieht. Aber kein Mensch hat Gott je gesehen.[1]

Das einzige Buch, wo verlässlich drin stehen könnte, wie Gott aussieht, ist die Bibel. Und da steht eben, dass kein

Mensch außer Jesus[2] Gott je gesehen hat. Auch Jesus sagte, dass noch nie ein Mensch Gottes wirkliche Stimme oder seine Gestalt gesehen hat.[3] Das ist auch besser so, denn kein Mensch könnte am Leben bleiben, der Gott sehen würde.[4]

So sehr wir unsere Vorstellungskraft bemühen, Gott ist doch größer, höher und anders. Wir können ihn uns nicht ausdenken: «So hoch der Himmel über der Erde ist, so weit reichen meine Gedanken hinaus über alles, was ihr euch ausdenkt, und so weit übertreffen meine Möglichkei-

---

1 Johannes 1,18
2 Johannes 1,18; 3,13; 6,46
3 Johannes 5,37 / 1. Johannes 4,12
4 2. Mose 33,20

ten alles, was ihr für möglich haltet.»[1]

Einer der Freunde von Jesus hat diese Frage auch gestellt.[2] Und Jesus hat dann gesagt:

«Wer mich sieht, der sieht den Vater.» Das ist eine interessante Antwort: Wir können Gott mit unseren Augen zwar nicht sehen, aber durch und dank Jesus ist es doch in gewisser Weise möglich.

«Hat Gott auch einen Körper mit Armen und Beinen wie wir?»

Gott hat keinen Körper zum Anfassen wie wir, Gott ist Geist,[3] Gott ist auch Liebe[4]. Und so wie man Liebe nicht anfassen kann, so kann man auch Gott nicht berühren. Und Geist kann man auch nicht berühren. «Es ist wie beim Wind: Du hörst sein Sausen, aber du weißt nicht, woher er kommt und wohin er geht.»[5]

Man kann es mit dem Handy vergleichen: Man kann eine Telefonverbindung mit jemandem aufbauen, der weit weg wohnt, aber du siehst diese Verbindung nicht mit den Augen. So ist es auch bei Gott: Wir sehen ihn nicht, aber er ist

---

1 Jesaja 55,9
2 Johannes 14,8
3 Johannes 4,24
4 1. Johannes 4,8
5 Johannes 3,8

doch da. Wir sehen nicht einmal die Verbindung zu ihm, aber die Verbindung klappt doch.

Gott wird in der Bibel manchmal mit menschlichen Vorstellungen beschrieben, weil uns das hilft, ihn besser zu verstehen. Aber wie viel davon symbolisch gemeint ist, kann niemand von uns wissen:

- Gott hat ein Angesicht.[1]
- Gott hat eine Gestalt.[2]
- Gott hat Arme.[3]

Obwohl Gott weit über dem steht, was wir uns überhaupt vorstellen können,[4] sind wir ihm in gewisser Hinsicht doch ähnlich.[5] Es heißt sogar, wir sind ein Abdruck oder Abbild von Gottes Wesen.[6] Gott kann uns also gut verstehen und begreifen und auch helfen, vor allem weil Gott auf dieser Erde selbst gelebt hat.[7]

---

1 2. Mose 33,20.23 / Matthäus 18,10 / Offenbarung 22,4
2 4. Mose 12,8
3 Jesaja 59,1
4 Jesaja 55,8-9
5 1. Mose 1,26-27 / 1. Mose 5,1.3 / 1. Mose 9,6
6 Hebräer 1,1-3
7 Philipper 2,7

«Gibt es Menschen, die Gott schon gesehen haben?»

Die Bibel erzählt von ein paar Menschen, die Gott gesehen haben, aber nur in einer «Verkleidung», wenn man das so sagen darf. Wenn Gott sich Menschen zeigt, dann immer so, dass sie es ertragen können.

Daniel

Gott hat sich zum Beispiel dem Staatsmann und Propheten Daniel in einem Traum, in einer Vision[1] gezeigt, was dieser dann folgendermaßen aufgeschrieben hat: «Ich sah in meiner nächtlichen Vision, wie Thronsessel aufgestellt wurden. Jemand, der uralt war, setzte sich auf einen von ihnen. Sein Gewand war weiß wie Schnee und sein Haupthaar so weiß wie reine Wolle. Sein Thron bestand aus lodernden Flammen und stand auf feurigen Rädern. Abertausende standen zu seinem Dienst bereit und eine unzählbare Menge stand vor ihm.»[2] Von dieser Bibelstelle stammen vermutlich alle diese Vorstellungen von Gott, wie man sie auf Kunstbildern finden kann.

Jakob

Gott hat sich Jakob in der Gestalt eines Mannes gezeigt,[3] als dieser den Fluss Jabbok durchschreiten wollte.

---

1 Daniel 7,1.9.14
2 Daniel 7,9-10
3 1. Mose 32,30

Manoach

Und in der Gestalt des Engels des Herrn erschien Gott dem Manoach, dem Vater von Samson,[1] und gab ihm und seiner Frau «Erziehungshinweise».

Elia

Als Elia total erschöpft war, ist Gott an ihm vorbeigezogen. Elia durfte ihn aber nur «im Vorbeigehen» sehen.[2]

Mose

Vor allem aber ist Gott Mose erschienen. Gott hat mit ihm auf Augenhöhe[3] gesprochen und trotzdem durfte nicht einmal Mose Gott sehen. Mose hätte sich das so sehnlichst gewünscht:

Mose bat Gott: «Lass mich doch den Glanz deiner Herrlichkeit sehen!» Der Herr erwiderte: «Ich werde in meiner ganzen Pracht und Hoheit an dir vorüberziehen und meinen Namen ›der Herr‹ vor dir ausrufen. Trotzdem darfst du mein Gesicht nicht sehen; denn niemand, der mich sieht, bleibt am Leben. Hier auf dem Felsen neben mir kannst du stehen. Wenn meine Herrlichkeit vorüberzieht, werde ich dich in einen Felsspalt stellen und dich mit meiner Hand bedecken, bis ich vorüber bin. Dann werde ich meine Hand wegnehmen und du kannst mir nachschauen. Aber von vorn darf mich niemand sehen.»[4] Trotz all

---

1   Richter 13,22
2   1. Könige 19,11-12
3   2. Mose 33,19-23
4   2. Mose 33,18-23

dieser beeindruckenden Gottesoffenbarungen hat keiner dieser Männer Gott in seiner ganzen Herrlichkeit und Heiligkeit gesehen, wie er wirklich ist. Das werden wir erst im Himmel sehen. So hat es Paulus einmal sinnbildlich zu erklären versucht:

«Jetzt sehen wir nur ein unklares Bild wie in einem trüben Spiegel; dann aber schauen wir Gott von Angesicht. Jetzt kennen wir Gott nur unvollkommen; dann aber werden wir Gott völlig kennen, so wie er uns jetzt schon kennt.»[1]

Und trotzdem haben relativ viele Menschen Gott schon gesehen, ohne dass sie sich dessen bewusst waren. Gott hat sich uns Menschen nämlich durch Jesus gezeigt, wie er seinem Wesen nach ist.[2] Wollen wir also ein möglichst genaues «Bild» von Gott erhalten, müssen wir auf Jesus schauen. So einfach ist das.

---

1   1. Korinther 13,12
2   Johannes 12,45 / Johannes 1,18

«Weiß man, wo und wie Gott wohnt?»

Grundsätzlich wohnt Gott «in einem Licht, wo niemand hinkann.»[1] Gott sitzt auf einem ewigen[2] Thron[3] über den Engeln.[4]

Und doch hat Gott schon an verschiedenen Orten gewohnt, man könnte fast sagen, er ist schon ein paar Mal umgezogen. Selbstverständlich muss Gott nicht umziehen, wie wir Menschen es tun, denn Gott ist ja überall, er ist allgegenwärtig. Gott ist größer als der Himmel und «aller Himmel Himmel».[5] Und trotzdem hat Gott schon an verschiedenen Orten gelebt, damit die Menschen ihn dort besser finden konnten.

1. Auf der Erde hat Gott zuerst im Garten Eden gewohnt,[6] bei Adam und Eva. Da ist er zum Beispiel am Abend gehört worden, bis Adam und Eva aus eigener Schuld von diesem schönen Ort ausgewiesen wurden.

2. Dann hat Gott in der Wüste eine Wohnung genommen. Die Israeliten haben seine Wohnung nach seinen Plänen selbst für ihn bauen dürfen.[7] Man nannte sie die Stiftshütte. In dieser Wohnung redete Gott mit Mose auf einzigar-

---

1 1. Timotheus 6,16
2 Hebräer 1,8
3 Psalm 47,9 und viele mehr
4 Jesaja 37,16
5 2. Chronik 2,5
6 1. Mose 3,8
7 2. Mose 40

tige Weise.[1]

3. Gottes nächste Wohnung waren die drei Tempel in Jerusalem auf dem Berg Zion: Der salomonische, der serubbabelische und der herodianische Tempel.[2] Dort konnten die Menschen Gott begegnen, dort hat er gewohnt, wenn man das so sagen kann. Dann wurde dieser Ort zerstört, was für die Juden bis heute eine große Katastrophe ist.

4. Und dann hat Gott selbst 33 Jahre lang als Mensch auf dieser Erde gewohnt und gelebt.[3]

5. Als der Sohn Gottes wieder zurück zum Vater ging, war es für die Gläubigen so, wie wenn Gott nicht mehr unter ihnen wohnen würde. Deshalb hat Gott etwas Ungewöhnliches und Wunderbares gemacht. Er hat beschlossen, dass er von nun an in den Menschen wohnen möchte, die an ihn glauben.[4] Sein neues Haus oder besser gesagt seine vielen neuen Tempel sind die Herzen der Menschen.[5] Deshalb heißt es in der Bibel, dass unser Körper die Tempel des Heiligen Geistes sind.[6] Jesus lebt in uns durch den Heiligen Geist. Der Heilige Geist ist Jesus, der in uns wohnt.

---

1   2. Mose 34,34
2   5. Mose 12,5 / Psalm 132,13-14 / Psalm 135,21
3   Lukas 17,21
4   Jesaja 57,15
5   Galater 2,20
6   1. Korinther 6,19-20

6. Ganz am Schluss der Weltgeschichte wird Gott nochmals eine neue Wohnung nehmen: Im Himmel und auf der neuen Erde wird Gott bei den Menschen wohnen,[1] die ihn gern haben - ganz nahe bei den Gläubigen. Alle Gläubigen haben dann selbst auch Wohnungen,[2] die Jesus für sie vorbereitet hat. Also einen schöneren Ort kann es ja gar nicht geben, als wenn man mit Gott zusammen die Ewigkeit verbringen kann.

«Gibt es denn einen Ort, wo Gott nicht ist?»

Nein, eigentlich kann es einen solchen Ort nicht geben. Gott ist immer und überall. Gott ist nicht wie wir Menschen oder wie die Engel. Wir können nur zu einem bestimmten Zeitpunkt an einem Ort sein und nicht an zwei Orten gleichzeitig. Aber Gott ist allgegenwärtig.

Gott ist aber auch die Liebe.[3] Er möchte niemanden zu etwas zwingen. Freundschaft kann man ja nicht erzwingen. Man kann nicht sagen: «Du musst jetzt mein Freud sein». Oder «Du musst mich jetzt aus Liebe heiraten». Und deshalb sagt Gott auch nicht zu uns Menschen: «Du musst jetzt an mich glauben. Du musst mich jetzt gern haben. Du musst jetzt meine Gebote halten». Das ist freiwillig.

Wenn ein Mensch freiwillig an Gott und an Jesus glaubt,

---

1 Offenbarung 21,2-3
2 Johannes 14,2
3 1. Johannes 4,8

dann lebt Gott bei diesem Menschen, er lebt sogar in ihm drin.[1]

Wenn aber ein Mensch gar nichts mit Jesus zu tun haben will, wenn er sogar über Gott spottet und ihn wegschickt, dann «erntet ein solcher Mensch schon das, was er gesät hat.»[2] Bei einem solchen Menschen kann man sich schon fragen, ob sein Herz der einzige Ort der Welt ist, wo Gott nicht sein kann. Weil der Mensch es nicht will und Gott sich nicht aufdrängt. Denn Gott ist Liebe.

---

1   Johannes 14,17
2   Galater 6,7

FRAGEN ÜBER JESUS

«Wie hat Jesus wirklich ausgesehen?»

Wirklich wissen, wie Jesus ausgesehen hat, kann niemand. Viele von uns stellen sich Jesus vor wie in einem der vielen Jesusfilme. Und bevor es Filme gab, malte man Bilder von ihm. Aber das ist alles Fantasie.

Denn als Jesus vor 2000 Jahren lebte, gab es noch keine Digitalkamera. Jesus wurde auch nicht abgezeichnet oder sein Kopf auf eine Münze geprägt, wie dies bei den römischen Kaisern üblich war. Deshalb müssen wir uns einfach vorstellen, wie er aussah, und sind dabei geprägt von dem Kontinent, wo wir aufgewachsen sind. Die Leute in Amerika stellen sich Jesus eher groß vor und mit braunen bis dunkelblonden Haaren und die Leute in Afrika eher dunkelhäutig mit schwarzen Haaren. Und niemand hat dabei ganz recht.

«Sah Jesus ähnlich aus wie andere Menschen?»

Jesus sah wahrscheinlich von seiner Hautfarbe her ähnlich aus wie die Leute, die damals und auch heute noch im Nahen Osten leben, z.B. in Israel, Syrien, Libanon oder Jordanien.

Jesus hatte sicher Ähnlichkeit mit seiner leiblichen Mutter Maria und mit seinen vier Brüdern und mehreren Schwestern. Nur wissen wir leider auch nicht, wie Maria oder Jakobus, Joses, Simon und Judas ausgesehen haben. Sicher ist, dass Jesus mit seinem Stiefvater Josef kaum äußere Ähnlichkeit hatte, weil er nicht sein richtiger Vater war.

Die Menschen vor 2000 Jahren in Israel waren durchschnittlich kleiner als wir heute. Die meisten waren ungefähr 1.50 m groß und 50 kg schwer.

Jesus war ein Zimmermann und Zimmerleute sind eher kräftige Leute. Jesus ist auch oft herumgewandert in seinem Leben, Schätzungen gehen von mehreren zehntausend Kilometern aus.[1] Vielleicht könnte man sein Aussehen deshalb als «sportlich» bezeichnen. Seine Haut war sonnengebräunt, weil er vor

---

1 http://www.blessitt.com/Inspiration_Witness/MilesJesusandMaryWalked/MilesJesusandMaryWalked_Page1.html

allem in seinen letzten Jahren draußen unterwegs war.

Jesus war wahrscheinlich auch nicht ein Kopf größer als alle andern wie z.B. der König Saul[1] oder hatte eine besondere Haarfarbe wie z.B. König David.[2] Jesus hat ausgesehen wie die meisten Menschen damals, sodass man ihn im dunklen Garten Gethsemane beim Verrat nicht offensichtlich und sofort erkannt hatte. Deshalb musste Judas ihm einen Begrüßungskuss geben,[3] damit die Soldaten mit Sicherheit wussten, welcher Jesus war. Hätte Jesus von seiner Körpergröße oder Gestalt sehr viel anders ausgesehen als seine Jünger, wäre dieses Erkennungszeichen nicht nötig gewesen.

«Hatte Jesus lange oder kurze Haare?»

Da sind sich die Fachleute nicht einig. Es gibt gute Argumente für kurze und für lange Haare.

Für einen Mann war es damals eher eine Peinlichkeit zu lange Haare zu tragen. Für eine Frau war langes Haar eine Ehre und wurde als schön und wichtig[4] angesehen.

---

1 1. Samuel 9,2
2 «King David is also known for having red hair, based on the description of his physical appearance as admoni, the Biblical Hebrew word normally interpreted to mean ‹ruddy›, or ‹red-haired›.» Aus wikipedia.org/wiki/Red_hair
3 Lukas 22,47
4 1. Korinther 11,15

Wenn Jesus lange Haare gehabt hätte, dann wäre das unter den Juden sehr aufgefallen, denn nur spezielle Juden trugen lange Haare. Man nannte sie «Nasiräer». Sie durften

sich die Haare nicht schneiden lassen. Der berühmteste Nasiräer der Bibel war der starke Simson. Die Nasiräer durften auch keinen Alkohol trinken. Jesus aber trank ab und zu etwas Wein.[1] Jesus war also kein Nasiräer, aber ein «Nazoräer»,[2] ein Mann aus der Stadt Nazareth. Vielleicht hat man diese beiden Worte auch verwechselt und deshalb Jesus oft mit langen Haaren gemalt.

«Hatte Jesus einen Bart?»

Wahrscheinlich ja. Die Römer haben sich damals rasiert, aber die Juden haben sich die Bärte wachsen lassen, wie sie das bis heute noch tun – und Jesus war ein Jude. Sie wollten nicht so aussehen wie die ausländischen Römer, sondern die Juden wollten, dass man sie sofort als gläubige Juden erkennt. Dies ist bei orthodoxen Juden bis zum heu-

---

1 Markus 14,25 u. ä.
2 Matthäus 2,23

tigen Tag so geblieben.

Die Haar- und Bart-
farbe von Jesus war
wahrscheinlich nor-
males braun. Wenn es
anders gewesen wäre,
wäre es eine große
Ausnahme gewesen
und wahrscheinlich
hätte jemand darüber
geschrieben.

Jesus hat so ausgese-
hen wie alle Leute um
ihn herum. Das wollte
Gott ja auch so. Er hat
seinen Sohn in die Welt geschickt, dass er als ein ganz
normaler Mensch hier lebte.[1] Deshalb kann Jesus uns ja
auch nachfühlen, wie es uns geht. Jesus war einer von uns
Menschen und sah ähnlich aus wie wir alle, aber er war
gleichzeitig auch Gottes Sohn.

Man kann also sagen, dass Jesus äußerlich wie ein ganz
normaler Mensch aussah, innerlich aber (wie) Gott war.
Sein Körper war menschlich, sein Geist und seine Seele
hingegen waren göttlich. Deshalb sagt man richtig: Jesus
war ganz Mensch und ganz Gott.

---

1 Philipper 2,7

«Warum trägt Jesus immer einen weißen Rock?»

Jesus trug keinen eigentlichen Rock, wie dies heute Frauen tun. Er trug ein Gewand, eine sogenannte Tunika mit einem Umhang. Das ist ein viereckiges Tuch, das man über die Schulter trug. Seine Tunika muss auch nicht weiß gewesen sein. Weiß ist die Farbe der Unschuld und des Göttlichen. Weil Jesus in seinem Leben nie einen Fehler gemacht hat, ist das vielleicht der Grund, warum man ihn gerne mit weißen Kleidern darstellt.

Wir wissen allerdings, dass Jesus wirklich nicht viel mehr Kleider hatte als sein Gewand,[1] einen Mantel, einen Gürtel, ein Kopftuch und Ledersandalen. Jesus fand, dass es für die Wanderschaft nicht nötig ist, dass man eine Reisetasche oder ein zweites Hemd dabei hat.[2]

Im warmen Israel war und ist dies natürlich auch eher möglich als bei uns hier im kalten Winter. Wir brauchen sogar mehr als ein zweites Hemd ☺.

---

1 Johannes 19,24
2 Matthäus 10,10

«Was hat Jesus gegessen?»

Jesus hat – genau wie wir – wahrscheinlich jeden Tag Brot gegessen. Er hat ja auch gelehrt, dass wir für das tägliche Brot bitten sollen.[1]

Die einfachen Leute zur Zeit von Jesus aßen meistens Getreidesuppe (z. B. Gerstensuppe), Milch und tranken verdünnten Wein. Mit Übergewicht hatte man damals in der Regel nicht zu kämpfen, es gab weder Schokolade noch Nudeln.

Die Hauptmahlzeit wurde abends eingenommen. Der Hausvater sprach ein Gebet, brach das Brot in einzelne  Stücke und verteilte es. Ein Messer benutzte man für das Brot nicht. Die Fladen mit ungefähr 10 bis 30 cm Durchmesser wurden frisch gegessen. Sie sahen aus wie das heutige Pizzabrot oder türkisches Fladenbrot, aber viel dicker. Man aß das Brot in Butter, Öl oder Rahm getunkt. Als Beilagen wählte man Bohnen, Linsen, Gemüse aller Art, süße und saure Milch, Obst (Feigen, Trauben, Oliven), Käse oder Honig.

Beim Essen saß man auf dem Boden und bediente sich aus

---

1 Matthäus 6,11

der gemeinsamen Schüssel. Für gewöhnlich war das Mahl bescheiden. Nur an Festtagen gab es auch Fleisch.

«Ging Jesus auch in die Schule?»

Jesus musste genauso wie wir als Kind lernen zu essen, zu reden oder einen Teller zu halten. Er musste lernen zu gehen, aber nicht Fahrrad fahren (es gab noch gar keine Fahrräder ☺). Und er hat seinen Eltern gehorcht, die sehr arm[1] waren.

Jesus wuchs als Sohn eines Handwerkers auf und hat seine Lehre in der Werkstatt seines Vaters gemacht, wie das die meisten Söhne damals taten: Jesus wurde Zimmermann.

Aber neben seiner Lehre ging Jesus oft in die Synagoge, die unter der Woche als Schule diente. Er wusste sehr viel über die Bibel. Jesus war sicher sehr aufgeweckt und interessiert und lernte gern.[2] Jesus konnte deshalb auch lesen[3] und schreiben. Aber ein eigentliches Theologiestudium

---

1 Lukas 2,22-24
2 Lukas 2,46
3 Lukas 4,16

wie Paulus hat Jesus nie absolviert.[1]

«Wie viele Verwandte hatte Jesus?»

Wie damals üblich hatte auch Jesus viele Verwandte. Mindestens einmal pro Jahr sah man sich ein paar Tage im Frühling zum Pessachfest in Jerusalem. Da ist man meistens mit den Verwandten hinaufgezogen.

Maria war ja die leibliche Mutter von Jesus. Dadurch hatte Jesus auch einen leiblichen Großvater, den Vater von Maria. Gewisse Leute behaupten, die Großeltern von Jesus hießen Anna und Joachim,[2] aber das steht so nicht in der Bibel. Jesus hatte auch einen Stief-Großvater, den Vater von Joseph. Dieser hieß Opa Jakob und sein Stief-Urgroßvater hieß Mattan[3]. Jesus hatte natürlich noch viel mehr Urgroßväter, wir kennen sie alle mit Namen. Einer davon hieß sogar auch Jesus, man nannte ihn aber Joses. Zweimal werden in der Bibel alle Vorfahren von Jesus aufgezählt, bis zurück zu König David und noch weiter.[4] Deshalb wissen wir, dass Jesus aus dem Königshause von David abstammte. Jesus war also ein richtiger Königssohn.

Jesus hatte vier jüngere Halbbrüder und mindestens zwei

---

1 Johannes 7,15
2 Apokryphes Protevangelium des Jakobus
3 Matthäus 1,15
4 Matthäus 1,2ff / Lukas 3,23ff

Halbschwestern. Die Brüder hießen[1] Jakobus, Joses, Judas und Simon, die Namen seiner Schwestern wissen wir leider nicht. Es war damals völlig normal, dass man sechs bis acht Geschwister hatte. Heute ist das anders.

Von zwei seiner Brüder wissen wir auch, dass sie später an ihren Halbbruder, als Sohn von Gott, glaubten: Jakobus[2] und Judas.[3] Das war nicht immer so. Als Jesus noch lebte, glaubten sie nicht an ihn,[4] ja sie meinten sogar, er sei verrückt geworden.[5] Das war sicher sehr hart für Jesus, dass seine jüngeren Geschwister ihn so ablehnten. Er hat deshalb auch einmal gesagt: «Wer sind meine Mutter und meine Brüder? Wer tut, was Gott will, der ist mein Bruder, meine Schwester und meine Mutter.»[6]

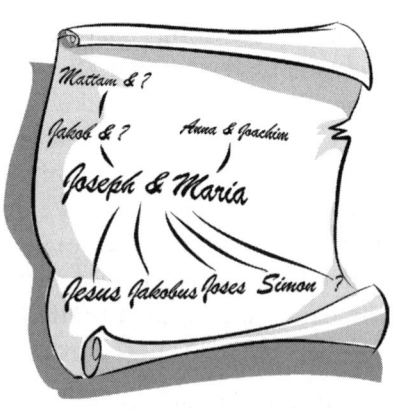

---

1 Markus 6,3
2 Apostelgeschichte 1,13-14 / 21,18 / 1. Korinther 15,7
3 Judas 1,1
4 Johannes 7,5
5 Markus 3,21
6 Markus 3,33 + 35

Schließlich hatte Jesus auch Onkel und Tanten. Salome war seine Tante mütterlicherseits.[1] Sie hat Zebedäus geheiratet und zusammen hatten sie zwei Söhne.[2] Somit hatte Jesus also mindestens zwei echte Cousins. Diese hießen Jakobus und Johannes und zogen später mit Jesus durchs Land. Jesus hat ihnen auch einen Spitznamen gegeben: Donnersöhne.[3]

Auch Johannes der Täufer war ein Verwandter von Jesus. Sie waren mütterlicherseits miteinander verwandt, wahrscheinlich Cousins zweiten oder dritten Grades. Wir würden sie heute sogenannte Großcousins nennen. Deshalb ist die junge schwangere Maria für ein paar Monate zu ihrer Verwandten gezogen, die auch schwanger war. Die beiden Frauen kannten und mochten sich offenbar gut, auch wenn Elisabeth deutlich älter war als Maria. Elisabeth wusste, dass Marias Sohn ein ganz besonderes Kind werden würde.[4]

«Hat Jesus als Kind wirklich nie einen Fehler gemacht?»

Heute würden wir sagen: Jesus hatte einen perfekten Charakter. Die Bibel sagt es so: «Ihr wisst: ,Er hat kein Unrecht getan; nie ist ein unwahres Wort aus seinem Mund ge-

---

1 Markus 15,40
2 Matthäus 27,56
3 Markus 3,17
4 Lukas 1,43

kommen.« Wenn er beleidigt wurde, gab er es nicht zurück. Wenn er leiden musste, drohte er nicht mit Vergeltung, sondern überließ es Gott, ihm zum Recht zu verhelfen.»[1] «Jesus war auch als Kind schon sehr weise» und «hatte ein ungewöhnliches Verständnis für den Willen Gottes und Gottes Liebe und Gnade waren auf ihm.»[2]

Jesus hat nie gesündigt,[3] nicht einmal seine Feinde konnten ihm eine Sünde nachsagen.[4] Jesus hat also nie gelogen, nie gestohlen, war seinen Eltern nie ungehorsam noch hat er je ein böses Wort gesagt. Jesus hat immer das Richtige getan und nie gegen eines der 10 Gebote verstoßen. Es gibt nichts, was er falsch gemacht hat. Einfach genial.

---

1   1. Petrus 2,22-23 / vgl. Johannes 8,29 / Johannes 8,46
2   Lukas 2,40
3   Johannes 18,38 / Johannes 19,4.6 / 2. Korinther 5,21 / Hebräer 4,15
    / Hebräer 7,27 / 1. Johannes 3,5 / 1. Petrus 2,22
4   Johannes 8,48 / 2. Korinther 5,21

«Hat Jesus als Kind auch einmal etwas angestellt?»

Es gibt ganz viele Märchen und Bücher darüber, was Jesus als Kind getan hat. Aber sie sind nicht wahr. Zum Beispiel habe Maria immer Probleme gehabt, den kleinen Jesus zu baden, weil er auf dem Wasser gehen konnte – und solche Dinge. Aber weil das nicht in der Bibel steht, ist es frei erfunden.[1]

Aber es gibt eine einzige Geschichte darüber, was Jesus gemacht hat, als er zwölf Jahre alt war.[2] Da beeindruckte er mit seinem Bibelwissen und seiner Weisheit ein paar Professoren der jüdischen Hochschule in Jerusalem. «Und alle, die ihm zuhörten, verwunderten sich über seinen Verstand und seine Antworten.»[3] Bestimmt dachten alle: Was wird wohl einmal aus diesem Jungen? Am Schluss der Geschichte reist die Familie Joseph wieder nach Nazareth zurück. «Jesus wurde älter und sein Wissen und sein Verständnis nahmen zu, er war geliebt von Menschen und von Gott.»[4] «Gott und die Menschen hatten Freude an ihm.»[5]

Deshalb ist anzunehmen, dass Jesus bei seinen Kameraden sehr beliebt war und auch schon als Kind gute Freun-

---

1 Vgl. Apokryphe Kindheitsevangelien von Jesus, die nicht in den Kanon aufgenommen wurden.
2 Lukas 2,41ff
3 Lukas 2,47
4 Lukas 2,52 (Hoffnung für alle)
5 Lukas 2,52

de hatte. Er hat ja auch in der Pubertät nie einen Fehler gemacht. Ja, Jesus war halt doch kein ganz normales Kind, sondern ein perfektes.

FRAGEN ZUM GLAUBEN

«Die Erwachsenen sagen, dass Jesus ins Herz kommen soll. Aber da hat es doch gar keinen Platz?!»

Es stimmt. Wir Erwachsene sagen manchmal Dinge, die wir selbst nicht ganz verstehen. Da, wo unser Herz ist, ist wirklich nur unsere Blutpumpe. Das Herz hat auch keine geheime Kammer, wo jemand Unterschlupf finden würde.

Manchmal sagen Erwachsene auch, dass man die Tür zum Herzen für Jesus öffnen soll. Aber das geht auch nicht. Das Herz hat gar keine Türen.

Wir sagen solch seltsame Dinge, weil wir etwas erklären wollen, das man eben nicht richtig erklären kann. Es bleibt ganz am Schluss doch ein Geheimnis, wie es genau «funktioniert», wenn ein Mensch zum Glauben kommt.

Mit dem Wort «Herz» kann man auch etwas anderes meinen als unsere Pumpe. Folgende Redewendungen zeugen davon:

- «Mami hat ein ganz großes Herz für alle ihre Kinder.»
- «Ich wünsche mir eine Barbie aus tiefstem Herzen.» Aber die Barbie kommt ja nicht aus dem Herzen, sondern aus dem Einkaufsladen.
- «Mein Vater hat das Herz am rechten Fleck.» Das Herz

ist doch bei allen Menschen links …

- «Das Herz auf der Zunge haben.»
- «Mein Herz wird mir schwer.»
- «Das Herz rutschte mir in die Hose.»
- «Ich habe jemanden ins Herz geschlossen.»

Jedes Mal meinen wir mit Herz das Innere des Menschen - unsere Gefühle, wie es uns geht, wie wir sind.

Genauso haben es die Menschen in der Bibel gemeint, wenn sie «Herz» sagten:

- Im Herzen kann man traurig sein.[1]
- Im Herzen kann man Angst haben[2] oder auch Freude empfinden.[3]
- Im Herzen kann man sogar andere Menschen haben:[4] Paulus zum Beispiel sagte zu den Freunden in Korinth, dass er sie im Herzen hat. Er meinte damit, dass er die Leute von Korinth gerne hat.
- Unser Herz ist ganz ähnlich wie unser Gewissen,[5] das man ja auch nicht sehen kann.

Man kann fast sagen, dass man mit dem Herzen die ganze Person von uns meint.[6] Die Bibel sagt es treffend: Im Her-

---

1   Psalm 34,19
2   2. Korinther 2,4
3   Johannes 16,22
4   2. Korinther 7,3
5   1. Johannes 3,19
6   Psalm 27,8

zen ist der «verborgene Mensch.»[1]

Übrigens haben die Menschen vor Jesus nicht «Herz» gesagt, sondern die «Kehle». Aber das ist beides ja ganz nahe beieinander ☺.

Mit dem Herzen, mit dem inwendigen Menschen, sind wir also fähig, Gott zu spüren oder an ihn zu glauben. Im Herzen beginnt der Glaube,[2] dass wir Gott gern haben können. Erst später kommt der Glaube in den Verstand, ins Gefühl und in den Körper.

Der menschliche Geist[3] ist nicht unser Hirn, sondern der Ort, wo Gott wohnen möchte. Und durch den Heiligen Geist kann Gott auch Wohnung in unserem Leben nehmen, in unserem Herzen, in unserem Geist.[4]

«Wie kann Jesus in meinem Herzen wohnen?»

Also das geht so: Jesus lebte auf dieser Erde. Und der Heilige Geist war bei ihm und blieb bei ihm nach der Taufe im Jordan. Dann starb Jesus. Am dritten Tage ist er auferstanden und ist zu Gott in den Himmel hinaufgenommen worden, zusammen mit dem Heiligen Geist.

---

1 1. Petrus 3,4
2 Markus 12,30-31 / Lukas 10,27
3 Matthäus 26,41 / Lukas 8,55/ Apostelgeschichte 17,16 / Römer 8,16
   / 1. Thessalonicher 5,23
4 Römer 8,16

Jesus

ich

Aber Jesus hat vorher zu seinen Freunden frei übersetzt gesagt: «Ihr müsst keine Angst haben, ihr werdet nicht allein sein, wenn ich weggehe. Ich lasse euch doch nicht als Waisenkinder zurück. Ich komme wieder zu euch zurück. Aber ich kann nur zu den Menschen zurückkommen, die mich lieben, die andern Menschen, die nichts mit mir zu tun haben wollen, können das nicht begreifen. Aber ihr, die ihr glaubt, ihr könnt es begreifen, weil der Heilige Geist bei euch bleibt und einmal in euch wohnt.»[1]

Und so ist es dann auch geschehen. Die Jünger haben gemeinsam gewartet, bis Jesus seinen Stellvertreter schickte. Als alle am Pfingstfest zusammen waren, kam der Heilige Geist zurück auf die Erde,[2] aber diesmal nicht nur auf Jesus oder auf einen einzelnen Menschen, sondern er teilte sich auf[3] und kam auf und in alle, die an Jesus glaubten und glauben.

Es war so, wie wenn Jesus selbst zurückkommt, aber diesmal nicht als Mensch, sondern als Heiliger Geist. Und deshalb kann Jesus nun auch in jedem Menschen sein, der an ihn glaubt. Daher kann man auch ganz sicher sein, dass man an Jesus glaubt, weil der Heilige Geist in uns ist und uns sicher macht.[4]

Wenn nun also ein Mensch zum Glauben kommt, dann kommt der Heilige Geist in sein Herz[5] oder genauer gesagt in seinen Geist. Aber weil das ein bisschen komisch

---

1 Nach Johannes 14,17
2 Apostelgeschichte 2,1-4
3 Apostelgeschichte 2,3
4 Römer 8,16
5 2. Korinther 1,22 / Galater 4,6

klingt - Gottes Geist kommt in unseren Geist -, sagen die meisten Leute einfach: «Jesus lebt in mir» oder «Jesus kam in mein Herz» und meinen damit, dass sie an Gott und an Jesus glauben.

Wenn jemand an Jesus glauben möchte, dann sagt er das zu Jesus. Und Jesus ist ja Gott, er hört alles, wo immer wir auch sind. Wenn ein Mensch merkt, dass er Gott braucht, und wenn es einem Menschen leid tut, was er alles falsch gemacht hat[1] und dass er noch nicht an Jesus geglaubt hat,[2] und Gott um Vergebung bittet, dann vergibt ihm Gott.

Und wenn du in deinem Herzen, in deinem inwendigen Menschen, bittest, dass Jesus zu dir kommt und bei dir bleibt, dann tut er das auch.[3] Dann kommt der Heilige Geist in dich und zu dir und bleibt bei dir.

Und dann beginnt der Heilige Geist in deinem Leben etwas zu verändern:

- Jesus ist dann der Leiter deines Lebens, der Chef, der Herr, wie manche Leute sagen.
- Gott schaut immer auf dich.[4]
- Und der Heilige Geist zeigt dir auch – noch besser als das Gewissen – was du nicht richtig machst[5] und du kannst Jesus dann bitten, dass er dir vergibt.
- Der Heilige Geist hilft dir auch beim Beten.[6]

---

1 Apostelgeschichte 2,38
2 1. Johannes 1,8-9
3 Johannes 1,12 / Lukas 11,13 / Apostelgeschichte 2,38
4 Jakobus 4,5
5 Apostelgeschichte 5,1-11 / 1. Korinther 14,24-25
6 Römer 8,26

Das ist das Wichtigste und Schönste, was es im Leben gibt. Es ist das, was man jedem Kind und jedem Menschen von Herzen wünscht. Etwas Besseres kann einem nicht geschehen.

FRAGEN ZU UNSEREN HAUSTIEREN

«Kommt mein Hund in den Himmel?»

In der Bibel steht viel über den Himmel für die Menschen und wie es dort sein wird, aber es gibt keinen Bibelvers, der unmissverständlich ausdrücken würde, was nach dem Tod mit den Tieren geschieht. Deshalb gibt es unter den Christen ganz verschiedene Meinungen, was mit den Tieren passiert, nachdem sie gestorben sind.

Was wir aber sicher wissen, ist, dass die Tiere nach dem Tod nicht bestraft werden. Warum auch? Die Tiere haben ja keinen Fehler gemacht.[1] Tiere lügen nicht absichtlich oder haben böse Gedanken. Auch wenn es Tiere gibt, die andere fressen, machen sie das nicht aus Freude am Töten, sondern aus Instinkt.

---

1 1. Mose 9,5 relativiert diese Aussage ein wenig.

«Wie sieht der Himmel für die Tiere aus?»

Das wissen wir leider nicht genau. Aber wenn es einen solchen Himmel gibt, dann könnte es dort ungefähr so aussehen:

«Wolf und Lamm werden dann gemeinsam weiden, der Löwe frisst Häcksel wie das Rind, und die Schlange nährt sich vom Staub der Erde. Auf dem Zion, meinem heiligen Berg, wird keiner mehr Böses tun und Unheil stiften.»[1]

«Dann wird der Wolf beim Lamm zu Gast sein, der Pan-

---

1 Jesaja 65,25

ther neben dem Ziegenböckchen liegen; gemeinsam wachsen Kalb und Löwenjunges auf, ein kleiner Junge kann sie hüten. Die Kuh wird neben dem Bären weiden und ihre Jungen werden beieinander liegen; der Löwe frisst dann Häcksel wie das Rind. Der Säugling spielt beim Schlupfloch der Schlange, das Kleinkind steckt die Hand in die Höhle der Otter.»[1]

Es würde mich freuen, wenn wir unsere Haustiere und viele andere Tiere im Himmel wieder sehen würden. Freunde möchte man behalten, für immer. Und unsere Haustiere können unsere Freunde sein, genauso wie unsere Freunde in der Schule und unsere Familie. Gott ist allmächtig, er kann alles.

Aber ob es genauso sein wird, wie ich es mir wünsche, weiß ich nicht, weil darüber nichts Genaueres in der Bibel steht.

«Hat Gott Tiere auch so gerne wie ich?»

Gott hat Tiere auch sehr gerne. Warum? Dafür habe ich drei Gründe gefunden:

- ● Gott hat die Tiere aus Erde geschaffen[2] und zwar mit unglaublich viel Phantasie und Liebe. Gott hat die Tie-

---

1 Jesaja 11,6-8
2 1. Mose 2,19

re noch vor dem Menschen erschaffen[1] und übergab[2] sie dem Menschen[3] zur Freude.

- In der Bibel heißt es schön: «Alle Tiere des Waldes gehören mir, das Wild auf Tausenden von Bergen ist mein Eigentum.»[4] «Gott hilft Menschen und Tieren.»[5] Dieser Vers hilft mir, wenn mir im kalten Winter die Hunde leidtun, die draußen übernachten müssen.

- Gott hat alle Tierarten gerettet, als er die Menschen mit einer Flut bestrafte. Gott hat sich selbst darum gekümmert, dass immer zwei Tiere in die Arche kamen.[6]

---

1   1. Mose 1,20ff
2   1. Mose 1,28
3   1. Mose 2,19
4   Psalm 50,10
5   Psalm 36,7
6   1. Mose 7,9

«Welcher Mensch hatte als erster ein Haustier?»

Das waren Adam und Eva. Sie hatten einen sehr großen Zoo und darin waren alles «liebe Haustiere». Adam und Eva durften ihnen ihre Namen geben.[1] Und kein Tier fraß das andere, sondern sie alle aßen Pflanzen.[2]

Als Adam und Eva dann aus dem Paradies vertrieben wurden, mussten sie allein hinausgehen.[3] Die Tiere wurden nicht hinaus gejagt, nur die Schlange wurde verflucht.[4] Trotzdem müssen die Tiere darunter leiden und seufzen,[5] dass es kein Paradies mehr gibt[6], obwohl sie nicht selbst daran schuld sind.

Aber für Tiere und Menschen gibt es eine gute Nachricht: Eines Tages wird alles, was Gott gemacht hat, die ganze Schöpfung, erlöst werden. So steht es in der Bibel und wenn man genau hinhört, steht da auch etwas darüber drin, was mit den Tieren geschehen wird: «Ohne eigenes Verschulden sind alle Geschöpfe dem Tod [...] ausgeliefert. Aber sie werden [...] einmal vom Tod erlöst und zu einem neuen herrlichen Leben befreit werden.»[7]

Das klingt fast ein bisschen so, dass die Tiere in den Him-

---

1   1. Mose 2,19
2   1. Mose 1,30
3   1. Mose 3,23
4   1. Mose 3,14
5   Römer 8,22
6   Römer 8,19f
7   Römer 8,21 (Hoffnung für alle)

mel kommen können. Ich könnte mir das auch gut vorstellen. Vielleicht gibt es keinen separaten Tierhimmel, aber es sieht so aus, als ob die Tiere sich den gläubigen Menschen «anhängen» und für immer bei Gott sein könnten. Schließlich mussten die Tiere ja auch wegen den Menschen auf der Erde viel Schlimmes erleiden, dann wäre es schön, wenn sie mit den Menschen davon erlöst würden. Wenn Menschen mit großer Schuld dank der Vergebung «in den Himmel» kommen können, warum dann nicht auch Tiere mit keiner Schuld?

«Manchmal habe ich das Gefühl, dass mein Hund mich versteht. Kann es sein, dass Tiere auch irgendwie reden können?»

Das stimmt, Hunde können einen wirklich so ansehen, dass man meint, sie verstehen einen. Tiere haben Gefühle wie wir, aber sie können nicht sprechen. Trotzdem liest man in der Bibel von drei Tieren, die wie Menschen verständlich sprechen konnten:

Die Schlange

«Die Schlange war einst das klügste von allen Tieren»[1] und musste auch nicht auf dem Bauch kriechen.[2] Sie lebte im Paradies mit Adam und Eva. Sie fragte Eva: »Hat Gott wirklich gesagt: Ihr dürft die Früchte von den Bäumen im Garten nicht essen?»[3] Und noch viele andere böse Dinge hat sie zu Eva gesagt. Es wäre gut gewesen, wenn die Schlange nicht geredet hätte, denn es ist nicht gut ausgegangen. Für sie nicht und auch nicht für die Menschen.

---

1 1. Mose 3,1
2 1. Mose 3,14b
3 1. Mose 3,1 (Hoffnung für alle)

Der Adler

Dieser Adler muss einmal den Menschen laut und deutlich mitteilen, was auf sie zukommt. Der Adler wird dann rufen: «Wehe euch Menschen auf der Erde. Bald wird Furchtbares geschehen.»[1] Die Schlange ganz am Anfang der Bibel wurde nicht von Gott geschickt. Aber dieser Adler ganz am Schluss der Bibel wird von Gott geschickt werden, um die Menschen zu warnen, dass sie nicht noch einmal etwas tun, was Gott nicht will.

---

1 Offenbarung 8,13

Der Esel

Der Esel konnte sprechen, weil Gott es ihm erlaubt hatte und weil er von jemandem ungerecht behandelt wurde. «Bileam wurde von Zorn gepackt und er schlug mit dem Stock auf seine Eselin ein. Da gab der Herr der Eselin die Fähigkeit zu sprechen und sie sagte zu Bileam: «Du hast mich jetzt schon dreimal geschlagen. Was habe ich dir denn getan?»[1] Manchmal wünschte ich mir, dass noch viel mehr Tiere so sprechen könnten wie dieser Esel, wenn sie von Menschen ungerecht behandelt werden. Aber dann denke ich auch, es ist genau richtig so, wie Gott es gemacht hat, dass die Tiere nicht sprechen können. Vielleicht sind sie ja auch deswegen so gute Freunde von uns Menschen geworden.

---

1   4. Mose 22,27-28

FRAGEN ZU UNSEREM GEWISSEN

«Ich habe ein komisches Gefühl, wenn ich gelogen habe. Was ist das?»

Dieses seltsame Gefühl in uns drin kennen alle Menschen. Wie wenn es einen im Herz drin sticht. Auch Leute der Bibel haben das erlebt. Kain konnte dabei nur noch zum Boden schauen[1] und Pontius Pilatus hat versucht, sich die Hände reinzuwaschen.[2]

Es ist, wie wenn jemand in uns drin sagen würde: «Nein, mach es nicht.»

Dieses Gefühl nennt man «das Gewissen». Zur Zeit von Paulus[3] wurde das Gewissen «der Mitwisser» genannt.[4] Das passt. Das Gewissen ist wie ein geheimer Mitwisser von unseren falschen Gedanken

---

1 1. Mose 4,5
2 Matthäus 27,24
3 Jesus selbst hat das Wort «Gewissen» noch nicht als solches gebraucht und im AT wird das Gewissen mit Herz oder Nieren beschrieben.
4 Lateinisch: con-scientia

und Taten. Dann «regt sich das Gewissen», das Gewissen «beißt» einen.[1]

Unser Gewissen sagt nicht immer das, was wir gerne hören. Es warnt uns wie ein Alarm-Licht: «Achtung, Achtung, hier spricht dein Gewissen: Tu es nicht. Höre auf mich.»

«Ist das Gewissen eine Person, die in uns drin lebt?»

Das kann man fast so sagen. Das Gewissen ist wie ein geheimer Schiedsrichter,

- der immer recht hat und unparteiisch ist,
- der uns zurückpfeift, wenn wir foulen oder eine Regel übertreten[2],
- der uns hilft, dass alles gut und gerecht verläuft.

Als ich ein kleiner Junge war, haben wir oft Fußball gespielt. Wenn wir einmal wenige Spieler waren, dann haben wir es ohne Schiedsrichter versucht. Aber ohne einen Schiedsrichter gab es immer Streit und Ungerechtigkeiten.

---

1   Hiob 27,6
2   Römer 2,15

Im Turnunterricht in der Schule war das Fußballspielen dann aber sehr cool, weil der Lehrer der Schiedsrichter war. Und die Lehrer machen ja keine Fehler ☺. Der Lehrer konnte sich als Schiedsrichter durchsetzen, wir haben gemacht, was er gesagt hat. Deshalb waren wir zufriedener, als wenn wir allein, ohne Schiedsrichter spielten.

So ist es auch mit dem Gewissen: Wenn wir machen, was das Gewissen sagt, dann sind wir zufriedener. Ein gutes Gewissen gibt ein gutes Gefühl. Und unser Leben klappt dann besser, wenn wir auf diesen inneren Schiedsrichter hören.

«Wie wird mein Gewissen immer besser?»

Eine Gegenfrage: Wie wird ein Fußballschiedsrichter immer besser?

«Er muss die Fußballregeln immer wieder lesen und studieren.»

So ist es auch mit unserem Gewissen. Wenn wir möchten, dass unser Gewissen immer besser wird, dann müssen wir die Lebensregeln immer wieder durchlesen, vielleicht sogar einzelne Regeln auswendig lernen. Das ist einer der Gründe, warum wir in der Bibel lesen. In der Bibel stehen die besten Regeln, die es fürs Leben gibt.

Es gibt sogar eine 10er- und eine 2er-Zusammenfassung all dieser vielen Regeln:

Die 10 Gebote von Mose[1] und das Doppelgebot der Liebe
von Jesus:[2] «Liebe den Herrn, deinen Gott, von ganzem Herzen, mit ganzem Willen und mit aller deiner Kraft und deinem ganzen Verstand und liebe deinen Mitmenschen wie dich selbst!»[3]

«Er muss möglichst viele Spiele pfeifen, damit er Erfahrung bekommt.»

So ist es auch bei unserem Gewissen. Am Anfang ist es noch schwach,[4] aber wenn wir Gott um ein gutes Gewissen bitten,[5] wird es stärker und sicherer.[6] Man lernt, auf das Gewissen zu hören, auch wenn es nur leise anklopft. So muss uns Gott immer weniger zurückpfeifen.

Es wäre schön, wenn wir immer mehr so leben würden, wie es Gott gefällt. Dann müsste das Gewissen uns nicht ständig warnen. Und so könnte das schlechte Gewissen langsam vom Platz verschwinden und nur noch das gute Gewissen wäre da. Denn ein gutes Gewissen macht richtig Freude, nicht wahr?

---

1   2. Mose 20 / 5. Mose 5
2   Matthäus 22,37-38
3   Lukas 10,27
4   1. Korinther 8,12
5   1. Petrus 3,21
6   Kolosser 2,16 / 1. Petr. 3,21 («durch den Bund eines guten Gewissens mit Gott»)

«Gibt es Menschen, die kein Gewissen haben?»

Es gibt Menschen, die das eigene Gewissen mit den Jahren fortgejagt haben und nicht mehr auf diese innere Stimme hören wollen. Nur so kann man erklären, warum diese Menschen fast kein schlechtes Gewissen mehr haben, wenn sie falsche Dinge denken oder tun.

- Zum Beispiel ist es so mit dem Lügen oder Stehlen. Das erste Mal Stehlen braucht Überwindung und man hat Angst, erwischt zu werden. Das zweite Mal geht es schon einfacher und nach vielen Malen ist man gar nicht mehr nervös und denkt nicht dran, dass man jemand anderem Schaden zufügt.

- So gibt es Menschen, die unglaublich brutal zu anderen sind und dabei gar kein Mitleid mehr verspüren. Ich habe das einmal selbst in der Schule erlebt. Ein Schüler trat einen andern in den Kopf, als dieser schon am Boden lag.
Als der Lehrer dazwischen ging und den tretenden Schüler fragte, ob er denn gar kein Mitleid mit dem

Schüler am Boden habe, sagte dieser: «Nein, gar nicht.»
Das hat mich damals schockiert.

«Hatte Pilatus ein schlechtes Gewissen?»

Pilatus sollte Jesus zum Tod verurteilen. Bevor er es tat, regten sich sein Gewissen und seine Frau. Beide warnten Pilatus, doch er hat nicht auf sie gehört:

«Während Pilatus auf dem Richterstuhl saß, ließ seine Frau ihm ausrichten: «Lass die Hände von diesem Gerechten (gemeint war Jesus). Seinetwegen hatte ich letzte Nacht einen schrecklichen Traum.»

Pilatus hörte nicht auf sie und fragte die Volksmenge:

«Was soll ich mit Jesus machen, eurem sogenannten Retter?», fragte Pilatus weiter. «Kreuzigen!», riefen alle. «Was hat er denn verbrochen?», fragte Pilatus. Aber sie schrien noch lauter: «Kreuzigen!» Als Pilatus merkte, dass seine Worte nichts ausrichteten und die Erregung der Menge nur noch größer wurde, nahm er Wasser und wusch sich vor allen Leuten die Hände. Dabei sagte er: «Ich habe keine Schuld am Tod dieses Mannes. Das habt ihr zu verantworten!»

Pilatus kämpfte mit seinem schlechten Gewissen, das ihm sagte: «Tue es nicht! Du machst einen Riesenfehler.» Aber Pilatus hörte nicht darauf und ließ Jesus kreuzigen.[1]

---

1 Matthäus 27

Eine Sage erzählt dann, dass Pilatus später in die Schweiz an den Vierwaldstättersee versetzt wurde, wo er immer noch ein schlechtes Gewissen hatte. So ging er an den See und wusch seine Hände, um sich unschuldig zu waschen, aber sie wurden nie mehr rein. Dort steht heute der Berg Pilatus. Diese Geschichte vom Pilatusberg ist nicht wirklich passiert,[1] aber sie zeigt uns, dass Pilatus besser auf sein Gewissen gehört hätte. Dann wäre nicht er derjenige gewesen, der Jesus zum Tod verurteilt hätte. Dann hätte er in Frieden sterben können.

Die Bibel sagt dazu etwas Treffendes: «Bewahre den Glauben und ein reines Gewissen! Manche haben in ihrem Glauben Schiffbruch erlitten, weil sie nicht auf die Stimme ihres Gewissens gehört haben.»[2]

---

1   http://de.wikipedia.org/wiki/Pilatus_(Berg)
2   1. Timotheus 1,19

FRAGEN ZU PFINGSTEN

«Warum geht man an Pfingsten ins Pfingstlager?»

Gute Frage. Nicht alle Leute gehen in ein Pfingstlager, aber viele Leute haben das getan, als sie Kinder waren. Pfingstlager macht man vielleicht deshalb, weil es an Pfingsten zum ersten Mal im Frühling so warm sein kann, dass man auch draußen im Zelt übernachten kann.

«Was heißt das seltsame Wort ‹Pfingsten›?»

Sieben Wochen vor Pfingsten ist immer Ostern und da ist es noch viel zu kalt. Sieben Wochen, das sind fast 50

Tage. Und genau das bedeutet auch dieses Wort «Pfingsten». Es hieß früher «Pentecoste» und das ist Griechisch und heißt einfach 50.

Pfingsten bedeutet 50. Aber wir feiern natürlich nicht die Zahl 50. Es sind einfach 50 Tage zwischen den beiden jüdischen Festen Pessach und Pfingsten oder eben 7 Wochen zwischen Ostern und Pfingsten. Immer, jedes Jahr.

«Hat Jesus auch Pfingsten gefeiert?»

Die Juden und deshalb auch Jesus haben damals an Pfingsten auch ein Fest gefeiert. Dieses fand genau am gleichen Wochenende statt, an dem wir heute Pfingsten feiern. Dieses Fest hieß damals «Schawuot» und bedeutet «Wochen». Die heutigen Juden feiern es immer noch und nennen es «Wochenfest». Die Juden feiern dann die 10 Gebote und auch das Erntedankfest. Viele lesen zu zweit die ganze

Nacht lang die fünf Bücher Mose, tanzen und singen bis zum Morgengrauen.

«Was machen die Menschen an Pfingsten?»

Sie verbringen das Wochenende in Pfingstlagern ☺.

Für viele Christen ist Pfingsten eines der sogenannten «Hochfeste» und sie gehen in die Kirche. Aber das hat leider in den letzten Jahrzehnten ziemlich abgenommen. Und so gibt es überall in der Schweiz und Deutschland ganz verschiedene seltsame Traditionen, was die Leute an diesen Tagen so tun:

- Manche junge Männer schneiden eine Birke ab und stellen sie an die Hauswand derjenigen jungen Frau, die sie heiraten möchten.
- Andere Leute pflanzen einen neuen Baum.
- Wieder andere unternehmen eine Pfingstwanderung oder fahren mit dem Motorrad über Schweizer Pässe.
- In Deutschland gibt es in manchen Gegenden die Tradition, dass man mit Pfingstochsen durchs Dorf geht und den größten Pfingstochsen schmückt.

Aber die meisten Menschen wissen heute nicht mehr, warum man Pfingsten wirklich feiert.

«Feiern wir an Pfingsten einen Geburtstag?»

Das könnte man so sagen. An Weihnachten feiern wir den Geburtstag von Jesus und an Pfingsten feiern wir den Geburtstag der Kirche. Nicht den Geburtstag der katholischen, evangelischen oder reformierten Kirche oder einer Freikirche, sondern wir erinnern uns an den Anfang aller Kirchen auf dieser Erde.

Damals, an Pfingsten, haben Gott und Jesus den Christen das größte Geschenk gegeben, das es auf der Erde gibt: Gott hat den gläubigen Menschen den Heiligen Geist gegeben. Und das hat sich folgendermaßen ereignet:

«Als das Pfingstfest kam, waren wieder alle, die zu Jesus hielten, versammelt. Plötzlich gab es ein mächtiges Rauschen, wie wenn ein Sturm vom Himmel herabweht. Das Rauschen erfüllte das ganze Haus, in dem sie waren. Dann sahen sie etwas wie Feuer, das sich zerteilte, und auf jeden ließ sich eine Flammenzunge nieder. Alle wurden vom Geist Gottes erfüllt und begannen in anderen Sprachen zu reden, jeder und jede, wie es ihnen der Geist Gottes eingab.»[1]

Die Jünger konnten plötzlich in zwölf oder mehr Sprachen

---

1 Apostelgeschichte 2,1-4

von den großen Taten von Gott erzählen. In Sprachen, die sie nie in der Schule gelernt hatten. Und alle verstanden einander. Alle konnten und wollten von Gott hören.

Diese Geschichte ist genau das Gegenteil von der Geschichte von Babel.[1] Damals wollten die Menschen nichts mit Gott zu tun haben, sodass Gott veranlasste, dass sie in verschiedenen Sprachen zu reden begannen. So verstanden sie sich nicht mehr. An Pfingsten ist nun genau das Umgekehrte geschehen: Die Menschen wollten mit Gott wieder zu tun haben, sie glaubten an ihn und an Jesus und deshalb konnten auch sie in verschiedenen Sprachen reden und wurden von den Menschen verstanden.[2]

Als der Heilige Geist an Pfingsten auf die Jünger kam, da waren gerade 120 Männer[3] versammelt. Gerade genug, um eine jüdische Gemeinde zu gründen. Aber es wurde keine jüdische Gemeinde gegründet, sondern die erste christliche Gemeinde durch die Kraft des Heiligen Geistes. Die erste Kirchengemeinde, die erste christliche Gemeinde der Welt war also in Jerusalem und hatte 120 Mitglieder. Für einen einzigen Tag. Am Abend desselben Tages waren es dann bereits 3120 Mitglieder. Aber das ist eine andere spannende Geschichte.

---

1 1. Mose 11,4ff
2 Apostelgeschichte 2,7-8
3 Apostelgeschichte 1,15

«Wo war denn der Heilige Geist vor Pfingsten?»

Der Heilige Geist war, soweit wir wissen, schon immer da. Auf alle Fälle war er schon da, bevor es Engel gab und bevor es die Erde gab[1]. Zum ersten Mal in der Bibel kommt der Heilige Geist im zweiten Satz in der Bibel vor.[2]

Dann ist der Heilige Geist immer wieder für eine bestimmte Zeit auf einzelne Menschen gekommen, zum Beispiel auf Mose,[3] auf Elisa[4] oder auf verschiedene Könige, Propheten und Künstler von Israel.[5] Manchmal redeten sie auch ganz besondere Worte,[6] wenn der Geist auf sie kam, genauso wie später an Pfingsten.[7]

---

1 Dies nennt man den Filioque-Streit.
2 1. Mose 1,2
3 4. Mose 11,17
4 2. Könige 2,15
5 2. Mose 31,3
6 1. Samuel 19,20
7 1. Samuel 19,20.23 / 4. Mose 11,17 u.a.

Aber der Heilige Geist, oder viele sagten auch der Geist von Gott, blieb nicht immer auf ihnen und schon gar nicht in ihnen drin.

«Wer ist der Heilige Geist wirklich?»

Der Heilige Geist ist Gott, der bei uns ist und in uns lebt. Jesus ist Gott und der Heilige Geist ist Gott. Also kann man sagen, dass der Heilige Geist auch Jesus ist.

Bevor Jesus gestorben ist, hat er seinen Freunden gesagt, dass er jemanden schickt, der sie tröstet und bei ihnen und in ihnen sein wird. Jesus hat es so gesagt: «Und ich werde den Vater bitten, dass er euch an meiner Stelle einen anderen Helfer gibt, der für immer bei euch bleibt, den Geist der Wahrheit. Die Welt kann ihn nicht bekommen, weil sie ihn nicht sehen kann und nichts von ihm versteht. Aber ihr kennt ihn, denn er wird bei euch bleiben und in euch leben. Ich lasse euch nicht wie Waisenkinder allein; ich komme wieder zu euch.»[1]

Jesus lebt heute ja nicht mehr auf der Erde, aber sein Stellvertreter tut es. Keiner von uns Menschen ist der Stellvertreter von Jesus, sondern der Heilige Geist. Überall, wo Christen zusammen sind, ist auch der Heilige Geist, weil er in den gläubigen Menschen wohnt.

In der Schweiz sagen wir: «An Pfingsten geht's am rings-

---

1 Johannes 14,16-18

ten» (das heißt «An Pfingsten ist das Leben einfacher.») Aber besser würde man sagen: «<u>Wegen</u> Pfingsten geht's am ringsten». <u>Wegen</u> des Heiligen Geistes geht es uns Christen viel besser. Und wir sind nie mehr allein, weil Jesus durch den Heiligen Geist immer bei uns ist.

FRAGEN ZUM HIMMEL UND DEN ENGELN

«Wenn wir hoch genug fliegen, sehen wir dann den Himmel?»

Der erste Mensch, der in den Himmel flog, hatte einen merkwürdigen Namen: Es war Juri Iwanowitsch Gagarin, ein Russe. Das war vor 50 Jahren. Die Leute auf der Erde waren sehr überrascht, dass man mit einer Rakete über die Luftschicht um die Erde herum hinaus fliegen und mit einer Kapsel wieder lebend zurückkommen kann. So wurde der Kosmonaut von Journalisten umlagert und gefragt: «Herr Gagarin, haben Sie den Himmel dort oben gesehen?» Herr Gagarin antwortete «Nein.» Dies bewegte ein zwölfjähriges Mädchen aus Gothenburg so sehr, dass sie ihm einen Brief schrieb: «Lieber Kosmonaut Gagarin», schrieb das Mädchen, «ich habe gehört, dass Sie im Weltraum gewesen sind und sagen, Sie hätten Gott nicht gesehen. Darf ich Sie fragen, ob Sie ein reines Herz haben?»[1]

«Man sieht nur mit dem Herzen gut, das Wichtige ist für die Augen unsichtbar»,[2] hat ein anderer berühmter Pilot gesagt.

---

1 Unbestätigtes Zitat aus http://www.erf-tirol.com/article.php?channel=128&article=204
2 Antoine de Saint-Exupéry

James Irwin, der einige Jahre später sogar den Mond betrat, sagte nach seiner Rückkehr: «Ich spürte dort oben ganz fest Gottes Gegenwart.»[1] Aber auch dieser Astronaut hat den Himmel, wo Gott ist, nicht mit seinen Augen gesehen.

«Wo ist denn der ‹richtige› Himmel?»

Der «richtige» Himmel ist wahrscheinlich also nicht über den Vögeln, sondern überall, also auch hier, wo wir gerade sind.

---

1   Aus dem Buch von James Irwin «Höher als der Mond».

Gott ist zwar im Himmel, aber weil Gott überall (allgegen-wärtig) ist, könnte es auch mit dem Himmel so sein: Der Himmel könnte also ganz nahe bei uns sein, einfach für unsere Augen nicht sichtbar.

 So erklärte es Jesus, wenn er zu den Leute geredet hat: «Das Himmel-reich ist ganz nahe gekommen.»[1] Bei Menschen, die an Gott glauben, sind Jesus und der Himmel ganz nahe. Sie können ihn spüren, so wie damals der Astronaut James Irwin. Aber dafür muss man nicht in eine Rakete steigen. Man muss einfach ein reines und suchendes Herz haben, wie es das Mädchen aus Gothenburg treffend beschrieben hat.

«Hat Jesus den ‹richtigen› Himmel selbst gesehen?»

Jesus hat den Himmel gesehen, bevor er auf die Erde kam.[2] Und als er auf der Erde lebte, hat er mindestens dreimal den offenen Himmel gesehen, während andere Menschen als Zeugen dabeistanden:

1. Zuerst als Erwachsener bei seiner Taufe. Da hat sich der Himmel aufgetan und Gott hat auf die Erde herab gespro-chen, laut und deutlich, sodass es alle hören konnten:

---

1   Matthäus 3,2 / Matthäus 4,17 / Matthäus 10,7
2   Johannes 3,12-13 / 3,31

«Dies ist mein lieber Sohn.»[1] Vielleicht konnten die Leute einen Blick in den offenen Himmel werfen, aber wahrscheinlich war er verborgen wie bei den andern zwei Ereignissen.

2. Als Jesus mit den Jüngern auf dem «Berg der Verklärung» war, kam eine «lichte Wolke» und wieder sprach Gott hörbar zu Jesus und den anwesenden Jüngern: «Dies ist mein lieber Sohn, auf ihn sollt ihr hören.»[2] Eine Lichtwolke hat Gott verhüllt. Wie damals bei der Stiftshütte oder am Berg Sinai, als Gott sich den Menschen durch eine Wolke zeigte.[3]

---

1 Matthäus 3,16-17
2 Matthäus 17,5
3 2. Mose 19,9 / 24,16.18 / 40,34 / 4. Mose 17,7

Als Jesus für immer in den Himmel hinauffuhr, öffnete sich der Himmel ein letztes Mal für ihn. Jesus wurde vor den Augen der Jünger in den Himmel aufgehoben und verschwand in einer Wolke.[1]

«Wie viele Himmel gibt es denn?»

Es gibt eigentlich nur einen unsichtbaren Himmel und einen Gott, der darin wohnt. Aber es ist gut möglich, dass es im göttlichen Himmel mehrere Orte und verschiedene Arten von Himmeln gibt. Paulus schreibt in der Bibel, dass er einmal im dritten Himmel gewesen sei und dort geheimnisvolle Worte gehört hatte, die kein Mensch aussprechen kann.[2]

Oder es gibt das Sprichwort: Ich fühle mich wie im siebten Himmel. Das sagen Leute, wenn sie total verliebt sind, weil sie denken, dass im siebten Himmel nur noch Liebe ist. Vielleicht ist daran etwas Wahres, denn Gott ist wirklich die Liebe selbst.[3]

---

1 Apostelgeschichte 1,9
2 2. Korinther 12,3
3 1. Johannes 4,16

«Könnte man von der Himmelswolke auf die Erde fallen?»

Das kann man nicht. Nirgends in der Bibel steht, dass wir später auf Wolken sitzen, Harfe spielen und Regen verursachen. Das sind Erfindungen von Menschen. Niemand kann aus dem Himmel auf die Erde fallen, ganz einfach deshalb nicht, weil Gott und der Himmel viel näher bei uns sind, als wir denken. Es ist auch nicht möglich, weil es im richtigen Himmel keine Gefahren mehr gibt, keine Unfälle und keine Stürze. Im richtigen Himmel gibt es keinen Tod mehr und keine Traurigkeit, das ist dann für immer vorbei.[1] Und wenn man den Himmel sogar im eigenen Herzen hat, wie die Leute manchmal zu Recht sagen, dann kann man ja nicht aus dem eigenen Herzen herausfallen. ☺

---

1 Offenbarung 21,4

«Wenn wir sterben, werden wir dann zu Engeln im Himmel?»

Es gibt viele Leute, die das sagen und glauben. Oder sie sagen es, haben sich aber darüber noch nie richtig Gedanken gemacht. In der Bibel ist es anders beschrieben: Engel und Menschen sind von Grund auf verschiedene Wesen.[1] Deshalb kann ein Engel nie ein Mensch werden und auch nicht ein Mensch ein Engel.

Gott hat auch die Engel erschaffen. Sie sind also nie geboren worden, haben folglich auch keine Mutter, die sie geboren hätte, nur einen Vater, der sie erschaffen hat.

---

1   1. Korinther 6,3

Engel können sehr viel. Aber eines, was wir Menschen können, können sie nicht: Sie können keine Kinder haben. Andererseits sterben sie aber auch nicht wie wir Menschen. Engel sind eben Engel und Menschen sind Menschen.

«Gibt es bei den Engeln auch Mädchen und Jungen?»

Bei uns Menschen gibt es Frauen und Männer, weil wir einen Körper haben und weil Menschen Kinder zeugen und gebären können. Die Engel haben keinen Körper wie wir und können deshalb keine Kinder haben. Daher muss es auch keine Engelsmänner oder Engelsfrauen geben und das ist der Grund, weshalb Engel auch nicht heiraten können.[1]

Engel waren selbst auch niemals Kinder, sondern von Anfang an «erwachsen». Engel werden nicht älter, müssen nicht essen oder trinken. Sie wachsen auch nie aus ihren Kleidern heraus. Sie werden nie müde und müssen nicht schlafen. Sie werden auch nicht krank. Sie können aber dazulernen wie wir Menschen.

---

1   Matthäus 22,30

«Gibt es bei den Engeln nur Männer wie der Engel Gabriel?»

Der Engel Gabriel[1] trägt in der Tat einen männlichen Vornamen und auch der Engel Michael tut dies. Diese beiden sind die einzigen Engel, die in der Bibel einen Namen bekommen haben.

Aber da es bei den Engeln keine Männer und Frauen gibt,[2] hat sich Gabriel als Mann (dies bedeutet der erste Teil seines Namens) «verkleidet», um sich so den Menschen zu zeigen.

Wir Menschen sehen die Engel normalerweise ja nicht, sie sind für unsere Augen unsichtbar. Aber wenn Gott es erlaubt, dann können Engel sich für uns sichtbar machen. Und das haben sie ein paar Mal in der Bibel getan und sie taten es immer als Männer. Vielleicht, weil man zur Zeit der Bibel mehr auf Männer gehört hat als auf Frauen. Heute wäre das vielleicht anders.

---

1   Lukas 1,19 / 1,26
2   Markus 12,25

«Wie viele Engel gibt es?»

In der Bibel steht, dass es Myriaden von Engeln[1] gibt oder anders ausgedrückt «vieltausend mal tausend».[2] Myriade ist ein eigenartiges Wort. Wir lernen es nicht in der Schule im Sinne von Tausend, Million, Milliarde, Myriade.

Eine Myriade war früher 10'000, aber viele Myriaden war keine klare Zahl, sondern bedeutet einfach unzählbar viele. In der deutschen Sprache haben wir dafür auch ein passendes Wort: Abertausende.

Auf alle Fälle gibt es so viele Engel, dass ganz am Schluss[3] Millionen von ihnen vor Gottes Thron stehen werden und dass Jesus auf der Stelle zwölf Legionen Engel[4] hätte rufen können - das sind 60'000 Engel.

Einige Leute meinen, dass es genauso viele Engel gibt, wie je Menschen auf der Erde gelebt haben. Somit hätte jeder Mensch und jedes Kind seinen eigenen Engel gehabt.[5] Das ist nicht unmöglich, aber auch nicht sicher. Es ist ein schöner Gedanke und ein Versprechen,[6] dass alle Kinder einen Engel haben, der ihnen hilft und zur Seite steht und sie beschützt.

Viele Eltern haben das schon erlebt, dass ihr Kind bei ei-

---

1 Hebräer 12,22 (im griechischen Urtext)
2 Offenbarung 5,11 / Daniel 7,10
3 Daniel 7,10
4 Matthäus 26,53
5 Matthäus 18,10
6 Matthäus 18,10

nem Unfall wie von einem Engel beschützt wurde. Und wenn diese Kinder dann erwachsen sind und an Gott glauben, dann – so steht es in der Bibel – kann es weiterhin so sein, dass Engel ihnen helfen[1] und ihnen beistehen.

Engel helfen uns also, dass wir beschützt werden und sie freuen sich, wenn wir an unseren gemeinsamen Schöpfer glauben. Deshalb muss man auch keine Angst vor Engeln haben, auch wenn sie viel stärker sind als wir.

1 Hebräer 1,14

FRAGEN ZUR BIBEL

«Ist die Bibel das berühmteste Buch der Welt?»

Kein Buch ist bekannter als die Bibel, keines mehr gelesen, mehr geliebt und wahrscheinlich auch mehr gehasst als die Bibel.

Die Bibel ist auch das meistverkaufte Buch der Welt. Jede Sekunde werden mindestens über zehn Bibeln verkauft oder verschenkt.

Die Bibel ist auch mit Abstand das meist übersetzte Buch der Welt. Sie wurde ursprünglich auf Hebräisch, Aramäisch und Griechisch geschrieben, dann auf Lateinisch übersetzt und heute ist sie in 2798 Sprachen[1] verfügbar.

Zudem gibt es Bibelteile, die in die verschiedensten Mundarten übersetzt worden sind. In der Schweiz sind es Züritütsch, Luzernertütsch, Apizöller, Toggenburger, Basler, Berner, Walliser, Obwalden und Schaffhausen-Mundart.

---

1 Stand 2013: http://de.wikipedia.org/wiki/
Bibel%C3%BCbersetzung

In Deutschland und Österreich liegen Bibelteile in weiteren 83 Mundarten vor, wie zum Beispiel in Plattdeutsch, Fränkisch, Kölsch, Sächsisch, Ostfälisch, Siebenbürgisch, Tirolisch oder Ostfriesisch.

Die Bibel ist also mindestens schon drei Milliarden Male unter die Leute gebracht worden. Wenn jede Ausgabe genau fünf Zentimeter dick wäre und man würde alle Bibeln aufeinanderstapeln, dann ergäbe dies einen Turm von 150'000'000 Metern Höhe beziehungsweise 150'000 Kilometern - fast die halbe Strecke bis zum Mond![1]

«Gibt es denn ein Guinnessbuch der Bibelrekorde?»

Es gibt verschiedene Bücher, die sich mit den Rekorden der Bibel beschäftigen, aber ein eigentliches «Guinnessbuch der Rekorde» existiert noch nicht.

Falls es dies aber einmal geben sollte, dann wären sicher folgende Rekorde darin enthalten:

- Die Bibel hat 1189 Kapitel.
- Die Bibel hat über 3.5 Millionen Buchstaben (je nach Sprache und Übersetzung).
- Fast 50 Autoren haben die Bi-

---

1 http://www.livenet.ch/themen/glaube/bibel/138130-das_buch_der_rekorde.html

bel mit Gottes Hilfe geschrieben.

- Es dauerte über 1500 Jahre, bis die Bibel fertiggestellt war.
- Es braucht eine ganze Woche für einen eher schnell lesenden Erwachsenen, um die ganze Bibel laut durchzulesen (70 Stunden).

«Gibt es ein Bibel-Quiz?»

Es gibt unzählige Bibelquiz, Bibelrätsel, Bibelspiele, Bibelshows, Bibel-Kreuzworträtsel oder erstaunliche Bibelfacts, zum Beispiel:

- **Wie alt wurde der älteste Mensch?**
Metuschelach, der Großvater von Noah, wurde 969 Jahre alt.[1]

- **Wie viele Worte hat der kürzeste Vers in der Bibel?**
Drei Worte: Εδακρυσεν ο θεσυσ (Das ist Griechisch und bedeutet: Jesus fing an zu weinen).[2]

- **Wer wurde im Alter von 90 Jahren noch Mutter?**
Sara, die Frau von Abraham.[3]

---

1 1. Mose 5,25-27
2 Johannes 11,35
3 1. Mose 17,17 / 21,1-2

- **Wie viele Lieder hat König Salomo geschrieben?**
Über tausend Lieder.[1]

- **Wie alt waren Joasch und Josia, als sie Könige wurden?**
Joasch war sieben und Josia acht Jahre alt.[2]

- **Wie viele Töchter hatte König Rehabeam?**
Sechzig.[3]

- **Wie viele Söhne hatte der Richter Gideon?**
Siebzig.[4]

- **Welches ist der häufigste Name der Bibel?**
Schemaja.[5]

- **Wie lange war das eiserne Bett von König Og von Baschan?**
4,5 Meter lang und 2 Meter breit.[6]

- **Wie groß war das größte biblische Heer?**
Eine Million Soldaten von König Serach aus Aethiopien.[7]

---

1   1. Könige 5,12
2   2. Könige 12,1 / 2. Könige 22,1
3   2. Chronik 11,21
4   Richter 8,30
5   27 Personen
6   5. Mose 3,11
7   2. Chronik 14,8f

- **Wie viele Frauen hatte König Salomo?**
  1000: 700 Ehefrauen und 300 Nebenfrauen.[1]

- **Wie viele Menschen machte Jesus abends einmal satt?**
  Fünftausend, ohne Frauen und Kinder gezählt.[2]

- **Wie groß war Goliath und wie schwer war seine Rüstung?**
  Er war zwei Meter siebzig groß. Sein Kettenhemd war 90 kg schwer. Nur schon seine Speerspitze wog 11 kg.[3]

- **Was hatten Goliath und sein Bruder an ihren Händen und Füßen?**
  Sechs Finger und sechs Zehen.[4]

1 1. Könige 11,3
2 Johannes 6,1-13
3 1. Samuel 17,4-7
4 2. Samuel 21,20

KINDER IN DER BIBEL: DER JUNGE SAMUEL

«Redet Gott heute auch noch so zu uns wie damals zu Samuel? Können wir ihn auch so mit dem Ohr hören wie er?»

Schauen wir uns die Geschichte von Samuel zuerst einmal an:

«Der junge Samuel half Eli beim Priesterdienst. In jener Zeit kam es nur noch selten vor, dass der Herr zu einem Menschen sprach und ihm etwas offenbarte. Eli war fast erblindet. Eines Nachts schlief er an seinem gewohnten Platz und auch Samuel schlief im Heiligtum, ganz in der Nähe der Bundeslade. Die Lampe im Heiligtum brannte noch. Da rief der Herr: ‹Samuel!› ‹Ja›, antwortete der Junge, lief schnell zu Eli und sagte: ‹Hier bin ich, du hast mich gerufen!› ‹Nein›, sagte Eli, ‹ich habe nicht gerufen. Geh wieder schlafen!› Samuel ging und legte sich wieder hin. Noch einmal rief der Herr: ‹Samuel!›, und wieder stand der Junge auf, ging zu Eli und sagte: ‹Hier bin ich, du hast mich gerufen!› Aber Eli wiederholte: ‹Ich habe dich nicht gerufen, mein Junge, geh nur wieder schlafen!› Samuel wusste noch nicht, dass es der Herr war; denn er hatte seine Stimme noch nie gehört.

Der Herr rief ihn zum dritten Mal und wieder stand Samuel auf, ging zu Eli und sagte: ‹Hier bin ich, du hast mich gerufen!› Da merkte Eli, dass es der Herr war, der den Jungen rief, und er sagte zu ihm: ‹Geh wieder schlafen, und wenn du noch einmal gerufen wirst, dann antworte: ‹Sprich, Herr, dein Diener hört!›› Samuel ging und legte sich wieder hin. Da trat der Herr zu ihm und rief wie zuvor: ‹Samuel! Samuel!› Der Junge antwortete: ‹Sprich, dein Diener hört!› Da sagte der Herr zu Samuel: ‹Ich werde in Israel etwas tun – die Ohren werden jedem wehtun, der davon hört. Es wird alles eintreffen, was ich Eli und seiner Familie angedroht habe. Er wusste, dass seine Söhne mich beleidigten, und doch hat er sie nicht daran gehindert. Deshalb habe ich über seine Familie ein unwiderrufliches Urteil verhängt. Ich habe ihm das schon lange angekündigt. Es gibt kein Opfer, durch das diese Schuld jemals gesühnt werden kann; das habe ich geschworen.› Samuel legte sich wieder hin.»[1]

Samuel war damals wahrscheinlich kein kleiner Junge mehr, sondern ein Teenager. Vielleicht ungefähr gleich alt wie David, als er damals gegen Goliath kämpfte.[2]

Samuel war der Pflegesohn des Priesters Eli und schlief allein im Tempel. Es war da zwar sehr dunkel, aber eine Öllampe brannte die ganze Nacht.[3] So hatte Samuel sicher

---

1 1. Samuel 3,1-18
2 Es steht dasselbe hebräische Wort für Junge wie bei
   1. Samuel 17,33.
3 2. Mose 30,8

wenig oder keine Angst.

Gegen Morgen hat Gott dann so klar zu Samuel ins Ohr gesprochen, dass dieser meinte, es sei sein Pflegevater. Gottes Stimme war also nicht mit einem Hall versehen oder besonders tief oder mit Musik untermalt, sondern so, wie die ganz normale Stimme seines Pflegevaters. Samuel war beim ersten Rufen Gottes sicher noch schlaftrunken, aber beim zweiten und dritten Mal hat Samuel sicher nur noch auf seinem Bett gelegen und hat gewartet, ob die Stimme nochmals käme.[1] Samuel hat gewartet und da kam die Stimme, die Elis Stimme so ähnlich war, nochmals und Samuel antwortete. Er war so nervös, dass er sogar vergaß,

---

1   1. Samuel 3,9b

«Herr» zu sagen, obwohl es ihm Eli vorher noch so vorgesagt hatte. Aber Gott hört ja beim Beten aufs Herz und nicht auf die Worte. Was Gott dann zu Samuel sagte, war wirklich sehr schwer. Gott sagte nicht: «Oh, Samuel, du bist ein cooler Teenager. Ich werde dir immer beistehen. Steh jetzt auf und ich wünsche dir einen guten Tag.» Gott sagte: «Ich will in Israel etwas so Schreckliches tun, dass keiner es ertragen kann, davon zu hören. Bald werde ich Eli und seine Familie schwer bestrafen.»[1]

Das war gar nicht einfach für Samuel. Eli hat am nächsten Morgen Samuel gedrängt, ihm alles zu sagen.[2] Später musste Samuel noch ganz viele Male in seinem Leben den Menschen schwere Dinge verkündigen, die Gott ihm direkt eingab.[3]

Gott redete in der Bibel ab und zu ganz deutlich zu Menschen ins Ohr wie bei Samuel.

Aber in den meisten Fällen spricht Gott anders zu uns Menschen.

Es ist nicht so, dass man bei der Bundeslade schlafen muss, um Gottes Stimme am Morgen zu hören, wenn man noch ganz müde ist. Gott ist Gott, Gott ist souverän, Gott ist allmächtig: Er kann zu uns Menschen reden, wo, wann und wie er will.

---

1 1. Samuel 3,11-12
2 1. Samuel 3,18
3 1. Samuel 15,26 u.v.m.

«Wie redet Gott denn heute zu uns?»

Meistens redet Gott durch die Bibel zu uns. Wenn wir in der Bibel lesen, dann hilft uns der Heilige Geist,[1] dass wir verstehen und begreifen, was Gott für uns ist und was er von uns möchte. Wir lesen in der Bibel mit dem Wunsch und dem Gebet, dass Gott im Himmel uns auf der Erde etwas zeigt, erklärt und klarmacht.

Deshalb lesen wir Christen in der Bibel. Nicht in erster Linie, damit wir klüger werden, sondern weiser. Weisheit heißt, dass wir Gott immer besser begreifen und ihn ernst nehmen.[2]

Diese Stimme von Gott hören wir zwar nicht mit den Ohren, aber mit den Jahren wird diese Stimme immer deutlicher und man wird sicherer: «Doch, da hat Gott wieder einmal deutlich zu mir gesprochen!»

---

1 Johannes 14,26
2 Sprüche 9,10

«Redet Gott auch noch anders zu Menschen als nur durch die Bibel?»

Gott hat ganz viel Fantasie. Er spricht zu den Menschen auf ganz unterschiedliche Art und Weise,[1] aber immer so, dass wir es auch verstehen können. Gott kennt uns ja durch und durch[2] und weiß auch, auf welche Weise wir ihn am besten verstehen können.

Deshalb hat Gott ab und zu in der Bibel zu den verschiedenen Leuten auf unterschiedliche und überraschende Art und Weise gesprochen, zum Beispiel

- durch einen Esel, der plötzlich reden konnte.[3]
- durch einen rauschenden Maulbeerbaum.[4]
- durch ein Gewitter.[5]
- durch einen brennenden Dornbusch.[6]
- durch einen rauschenden Wind.[7]

---

1 Hebräer 1,1
2 Psalm 139,1
3 4. Mose 22
4 2. Samuel 5,24
5 2. Mose 19,16-25
6 2. Mose 3
7 Apostelgeschichte 2,2

- durch eine Posaunenstimme.[1]
- durch einen Donner.[2]
- durch stilles, sanftes Säuseln.[3]

Viele gläubige Menschen erleben das Reden Gottes meistens auch

- durchs Gebet (wir reden mit Gott und er mit uns).
- in der Natur.[4]
- durch unser Gewissen.[5]
- durch die Zehn Gebote.[6]
- durch andere Menschen.[7]
- und noch durch vieles, vieles mehr.

Das Allerwichtigste aber, wie Gott zu uns Christen spricht, wird in der Bibel so beschrieben: «Immer wieder hat Gott schon vor unserer Zeit auf verschiedene Art und Weise zu Menschen gesprochen. Aber jetzt hat er zu uns gesprochen durch seinen Sohn Jesus Christus. Durch seinen Tod hat er uns von der Last unserer Schuld befreit.» [8]

Treffender könnte man es nicht mehr formulieren: Gott redet zu uns Menschen auf ganz verschiedene Arten, aber das ist alles kein Vergleich dazu, dass Gott durch Jesus Christus zu uns gesprochen hat.

---

1 Offenbarung 1,10
2 Johannes 12,29
3 1. Könige 19,12
4 Psalm 19,2
5 Römer 2,15 / 2. Korinther 1,12 / Römer 9,1
6 2. Mose 24,12
7 2. Korinther 3,2-3
8 Hebräer 1,1-3

- Durch Jesus hat Gott uns alles gesagt.
- Durch Jesus hat Gott nicht nur zu uns Menschen gesprochen, sondern hat sich uns auch gezeigt, wie er ist.
- Durch Jesus hat Gott nicht nur zu uns Menschen gesprochen, sondern er hat uns auch die Chance gegeben, dass wir von unseren Fehlern und unserer Schuld befreit sind, wenn wir an ihn glauben.

Zu Samuel hat Gott nur ab und zu gesprochen und Samuel wusste nie, wann er es wieder tun würde. Zu uns aber hat Gott durch Jesus gesprochen und wir können es zu jeder Zeit in der Bibel nachlesen und es nicht nur einmal, sondern immer wieder hören.

FRAGEN ZUM BETEN UND «VATERUNSER»

«Muss man jeden Abend vor dem Einschlafen beten?»

Man muss nicht. Es ist eine gute Gewohnheit, wenn man jeden Abend vor dem Einschlafen betet. Aber manchmal ist man am Abend auch sehr müde. Deshalb ist es noch besser, wenn wir nicht nur am Abend beten, sondern auch während des Tages.

«Wie oft sollte man pro Tag beten?»

Diese Frage habe ich einmal in einem Gottesdienst gestellt: «Wie viele Male sollte man pro Tag beten?» Da hat ein Kind geantwortet: «Einmal.» Ich habe zurückgefragt: « Ja, nur einmal? Das ist aber wenig.» Da hat das Kind laut und deutlich gerufen: «Ja, einmal und nie mehr aufhören.» Da haben alle Leute geklatscht. Das Kind hätte es nicht besser sagen können.

Wir dürfen und sollten immer beten.[1] Mit dem Fahrrad auf dem Weg zur Schule (selbstverständlich mit offenen Augen), vor dem Essen, in der Schulpause, in der Kirche oder sogar auch auf dem «Stillen Örtchen».

Beten heißt Reden mit Gott, weil Gott unser Vater ist, unser Herr und gleichzeitig wie unser Freund. Mit einem Freund, einer Freundin spricht man ja auch immer wieder. Eigentlich macht erst das regelmäßige Miteinander-Sprechen die richtige Freundschaft aus. Man kann nicht Freund sein, wenn man über lange Zeit kein Wort zueinander sagt. Genauso ist es mit Gott. Es müsste normal sein, dass wir zu jeder Zeit mit Gott reden. Ihm einfach sagen, wie es uns geht, was uns

---

1 Epheser 6,18

bedrückt, wofür wir ihm dankbar sind.[1] Und es ist auch normal, dass Gott uns dann auf seine Weise antwortet.

Wenn wir nur am Abend vor dem Ins-Bett-Gehen mit Gott reden, ist das besser als gar nicht. Aber es ist wie eine Fernbeziehung zu Gott, wie wenn ich meinem Freund, meiner Freundin nur einmal pro Tag eine SMS schreibe. Unsere Freundschaft bleibt bestehen, aber sie wird nicht wirklich tiefer. So ist es auch mit unserem Glauben: Durch das regelmäßige Reden mit Gott und Hören auf ihn wächst unsere Beziehung zu ihm und damit auch unser Glaube.

«Darf man denn im Liegen beten oder soll man sich im Bett hinsetzen?»

Ob man im Bett kniend, liegend oder sitzend beten soll, darüber steht nichts in der Bibel. In der Bibel haben die Menschen in ganz unterschiedlichen Körperhaltungen gebetet und das ist bis heute so geblieben. Es geht ja nicht um unseren Körper, sondern um unser Herz. Der Zweck des Betens ist in erster Linie, dass wir

---

1 Philiper 4,6-7

dadurch näher zu Gott kommen. Beim Beten wachsen unser Glaube und unser Vertrauen zu Gott.

Beten ist immer richtig. Beten ist immer wichtig. Wer beten kann, dem geht es besser. Beten ist vielleicht das Wichtigste und Schönste, was wir in unserem Leben machen können.

Auch die Menschen der Bibel haben ganz unterschiedlich und für uns zum Teil auf seltsame Art zu Gott gebetet:

- ☙ Mit dem Blick zum Boden[1]
- ☙ Weinend[2]
- ☙ Mit den Händen gegen den Himmel[3]
- ☙ Mit den Händen an der Brust und den Augen zu Boden[4]
- ☙ Mit den Augen zum Himmel[5]
- ☙ Sich verbeugend[6]
- ☙ Niederkniend[7]
- ☙ Sich aufs Gesicht niederwerfend[8]
- ☙ Sitzend[9]
- ☙ Stehend[10]

---

1 1. Mose 24,52 / 2. Mose 34,8
2 Richter 20,26 / 2. Könige 20,2-3 / 1. Samuel 1,10 / Hiob 16,20
3 2. Mose 9,29 / Klagelieder 3,41 / 1. Könige 8,54
4 Lukas 18,13
5 Johannes 17,1
6 1. Mose 24,52 / 2. Mose 34,8
7 1. Könige 8,54 / Daniel 6,11 / Lukas 22,41 / 2. Chronik 29,29 / Apostelgeschichte 9,40/ 21,5
8 5. Mose 9,25 / 1. Chronik 21,16 / 29,20 / Esra 10,1 / Hesekiel 9,8
9 2. Samuel 7,18 / Nehemia 1,4
10 1. Mose 24,13 / Lukas 18,11 / 1. Könige 8,22

Es gibt in der Bibel mindestens ein weiteres Dutzend Arten, wie Menschen vor Gott gekommen sind. «Gott sieht nicht auf das, worauf ein Mensch sieht. Ein Mensch sieht, was vor Augen ist; Gott aber sieht das Herz an.»[1]

«Nützt Beten etwas?»

Folgende und noch viel mehr Dinge können geschehen, wenn wir beten:

- Gott hört und erhört unsere Gebete.[2]
- Beim Beten kommt Freude ins Herz.[3]
- Beten kann einen wieder gesund machen.[4]
- Beten macht einen stark, wenn man Probleme hat.[5]
- Beten hilft in der Not, in einem Notfall.[6]
- Beim Beten ist Jesus bei uns.[7]
- Beten nimmt die Angst.[8]

---

1 1. Samuel 16,7
2 Psalm 145,18 / Jakobus 4,8 / Psalm 86,5
3 Johannes 16,24
4 Jakobus 5,15
5 Matthäus 26,41
6 Psalm 34,7 / 86,7 / 22,25 / 50,15
7 Matthäus 18,20
8 Psalm 34,5

Es lohnt sich einfach immer, wenn man betet. Beten ist nie verlorene Zeit, sondern immer gewonnene.

«Was ist der Unterschied zwischen Bitten und Beten?»

Der Unterschied von «Beten» und «Bitten» ist folgender:

- Wenn wir von Menschen oder von Gott etwas haben möchten, dann bitten wir.
- Wenn wir mit Gott reden, dann beten wir.
- Gegenüber Menschen können wir nur bitten, zu Gott können wir beten und ihn bitten.

Beim Beten kann man auch bitten. Das tun die meisten Menschen, wenn sie in Not sind – selbst solche, die sonst nicht beten. Aber Menschen, die Gott und Jesus kennen, die bitten nicht nur, sondern beten auch. Beten ist viel mehr als Bitten.

In einer Freundschaft ist es ja auch so, dass wir einander nicht nur immerzu um etwas bitten, sondern auch einmal etwas anders zueinander sagen. Stellt euch vor, man würde zu seiner Frau nichts anders mehr sagen als:

- Schatz, bitte mach den Abwasch.
- Schatz, bitte hilf mir.
- Schatz, bitte tröste mich.
- Schatz, bitte gib mir dies.
- Schatz, bitte gib mir das.

Wie lange würde denn dann mein Schatz «mein Schatz»

bleiben wollen? Wahrscheinlich wären die Tage der Freundschaft bald gezählt. Irgendwann muss man auch andere Dinge miteinander besprechen, einander danke sagen oder auch einmal um Entschuldigung bitten.

Beten kann deshalb auch heißen:

- Gott danke sagen (Danksagung)
- Gott sagen, wie groß und gut er ist (Lob)
- Für jemand anderen bitten (Fürbitte)
- Gott etwas bekennen (Bußgebet)
- Gott sein Leben anvertrauen (Übergabegebet)
- Einfach mit Gott sprechen über alles, was einen bewegt (tägliches Gebet)

Beten kann damit so selbstverständlich werden wie Essen, Trinken, Atmen oder Gehen. Dann macht das Beten richtig Freude, weil man immer und überall mit dem größten und besten und stärksten Freund und Vater, den es gibt, reden kann.

Wer beten kann, dem geht es definitiv besser, nicht nur in der Not.

«Wie viele Male muss man das ‹Vaterunser› aufsagen?»

Einmal reicht. Jesus hat uns sogar gewarnt, es zu viele Male hintereinander aufzusagen. Nicht, weil es schädlich ist, aber weil man dann Gefahr läuft, es nur noch so herunterzuleiern.[1] Gott schaut nicht darauf, wie viele Worte wir beim Beten brauchen, sondern wie es in unserem Herz aussieht.[2]

In gewissen Kirchen wird das «Vaterunser» jeden Sonntag gebetet und die Gläubigen beten es auch unter der Woche mehrmals täglich. Das ist gut so. Andere Christen machen das nicht, sondern überlegen sich, was Jesus uns mit dem «Vaterunser» sagen wollte. Das ist auch gut so.

Auf alle Fälle ist das «Vaterunser» das berühmteste Gebet der ganzen Welt. Kein Gebet wurde so viele Male in den letzten 2000 Jahren gebetet wie dieses. Es ist deshalb so berühmt, weil es das einzige Gebet ist, das Jesus seine Jünger selbst gelehrt hat.

---

1 Matthäus 6,7
2 Matthäus 7,7

«Muss man das ‹Vaterunser› auswendig können?»

Nein, das ist nicht zwingend nötig. Aber wenn man sich mit diesem berühmten Gebet immer wieder befasst, wird man es nach einiger Zeit auswendig können, ohne dass

man es gelernt hat. Es macht Freude, wenn man dieses Gebet auswendig beten kann, weil man dann überall auf der Welt (natürlich nur dort, wo Deutsch gesprochen wird) dieses Gebet mit andern Menschen zusammen laut beten kann. Aber Jesus hat nie von uns gefordert, dass wir es auswendig können oder dass wir es immer wieder aufsagen müssten.

«Was bedeutet das ‹Vaterunser›?»

In diesem Gebet steckt alles drin, was wichtig und richtig ist zum Beten. Und dies gilt für Erwachsene und Kinder und für alle Christen auf dieser Welt. Wenn wir mit dem «Vaterunser» beten, machen wir es vor Gott richtig, weil Jesus es uns so gelehrt hat.

Der folgende Handschuh versinnbildlicht die symbolischen Aussagen des «Vaterunsers». Er hilft uns, die einzelnen Teile dieses Gebets besser zu verstehen und sich beim nächsten Beten in Erinnerung zu rufen.

Wir starten, indem wir den Handschuh an der rechten Hand anziehen, die Hand zur Faust ballen und diese an die Brust schlagen:

«Hand aufs Herz»: Beten kann man nur mit ehrlichem Herzen und einer demütigen Haltung vor Gott. Wenn wir in der Folge nun das «Vaterunser» erklären, wird sich ein Finger nach dem andern öffnen, so wie auch unser Herz sich langsam hin zu Gott öffnet.

Grüne Handfläche: Die Beziehung zu Gott als Voraussetzung

Auf dem Handschuh steht in der Farbe der Hoffnung (grün): «Unser Vater.» Dies erinnert, dass das «Vaterunser» in seiner Fülle nur diejenigen Menschen richtig beten können, für die Gott ihr Vater ist. Eine Beziehung zu Gott wie die eines Kindes zu seinem Vater ist Voraussetzung für ein erhörbares Gebet.

Gelber Daumen: Dein Name, dein Reich, dein Wille

Gelb und golden, die Farben für das Wertvollste, das Schönste, das Glänzendste, das Ewige: Die Farbe für Gott in seinem Glanze.

Gleich zu Beginn des Gebets richten wir uns auf Gott aus. Wir zeigen mit dem Daumen nach oben zu Gott, was gleichzeitig «super, gut, einzigartig» bedeutet.

Das Erste, was wir im Gebet tun, ist die Hinwendung zu Gott im Himmel, den wir duzen dürfen:

Du – Du – Du, Dein-Dein-Dein:

- Dein Name werde geheiligt.
- Dein Reich komme.
- Dein Wille geschehe, wie im Himmel so auf Erden.

Im selbst formulierten Gebet können wir Gott als Vater ansprechen und ihm sagen, wie heilig er für uns ist, wie wir uns freuen, wenn sein Reich sich auf dieser Welt ausbreitet.

Es ist wichtig, dass wir unserem Vater im Himmel sagen, dass über allen kommenden Bitten die Erkenntnis steht, dass nicht unser Wille, sondern sein Wille geschehe. Das bedeutet, dass wir in der Folge zwar Bitten formulieren, aber dass wir in jedem Falle seine Antwort annehmen, auch wenn sie nicht so ausfällt, wie wir uns das gewünscht haben.

Wir bitten Gott, dass sein Wille nicht nur im Himmel, sondern auch bei uns, in unserem Leben, in unseren Gemeinden und Familien geschieht. Damit wenden wir den Blick vom Himmel herab zur Erde, zu unseren Bedürfnissen und unserem Leben.

Brauner Zeigefinger: Gib uns unser tägliches Brot

Es folgen nun drei Bitten an Gott, die wir immer an unseren Vater im Himmel richten können und auch sollen.

Ist das «Vaterunser» demnach ein egoistisches Gebet, in dem es hauptsächlich um die Formulierung unserer Bitten geht, wie zum Beispiel um das tägliche Brot? Nein, im Gegenteil. Es heißt nicht «Gib mir mein tägliches Brot», sondern «Gib uns unser tägliches Brot.» So wie wir für uns selbst bitten, sollen wir auch für alle andern bitten. Wir sollen mit jeder persönlichen Bitte auch an die Leute denken, die dasselbe tägliche Bedürfnis haben wie wir. Und so, wie wir uns selbst lieben, sollen wir auch unseren Nächsten lieben, auch im Gebet für ihn.

Der Zeigefinger zeigt auf Menschen. Es geht um die Bedürfnisse der andern Menschen und von mir.

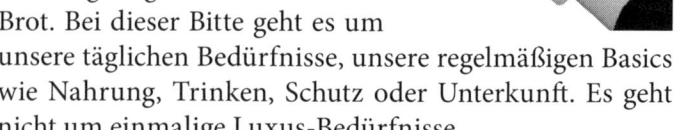

Der Zeigefinger ist braun wie das Brot. Bei dieser Bitte geht es um unsere täglichen Bedürfnisse, unsere regelmäßigen Basics wie Nahrung, Trinken, Schutz oder Unterkunft. Es geht nicht um einmalige Luxus-Bedürfnisse.

Rot: Und vergib uns unsere Schuld, wie auch wir vergeben

Der Mittelfinger ist der größte, um den sich alles dreht: Jesus ist für unsere Schuld gestorben, die rote Farbe erinnert daran.

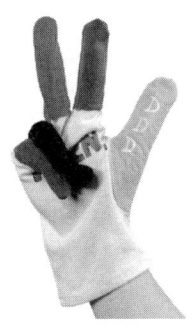

Die zweite Bitte ist die einzige, die auch ein Versprechen von uns abringt: Wir bitten Gott um Vergebung und wollen deshalb auch selbst vergeben. Das ist von Jesus sehr ernst gemeint, denn unmittelbar nach dem «Vaterunser» greift er diese einzelne Bitte nochmals in aller Härte auf:

> «Wenn ihr den Menschen ihre Verfehlungen vergebt, wird euer himmlischer Vater euch auch vergeben. Wenn ihr den Menschen ihre Verfehlungen nicht vergebt, wird euer himmlischer Vater euch auch nicht vergeben.»[1]

Wenn man den Mittelfinger mit dem Zeigefinger gemeinsam zeigt, entsteht das Victory-Zeichen: Jesus hat am Kreuz den Sieg vollbracht.

Wenn man den Mittelfinger mit dem Zeigefinger und dem Daumen hochstreckt, dann bedeutet dies schwören. Gott hat bei sich geschworen, dass er unsere Schuld vergibt, wenn wir es im Glauben annehmen.

Es ist offenbar richtig und wichtig, dass wir immer wieder regelmäßig um Vergebung für unsere Schuld bitten und

---

1 Matthäus 6,14-15

gleichzeitig auch Menschen vergeben, und wenn es 490 mal am Tag ist.[1]

Schwarz: Schutz vor Versuchung und Erlösung vom Bösen

Dieser Finger ist schwarz als Sinnbild des Bösen, Dunklen, Besitzergreifenden. Der Ring des Ringfingers ist verdeckt durch das Düstere, so dass das Versprechen Gottes nicht mehr hindurchleuchtet. Für solche Zeiten und zur Verhinderung von Schwerem in unserem Leben ist diese Bitte gedacht.

Es ist eine Doppelbitte, die gleichzeitig auch einen Einblick in die Ursachen von Schwierigem und Anfechtungen aufzeigt. Zum einen ist es die Versuchung, die auch von Gott kommen kann.[2] Zum andern ist es das oder der Böse, dessen Ursprung allgemein oder personell sein kann.

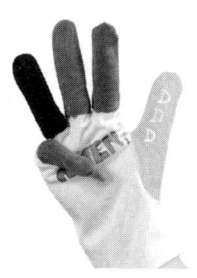

In der freien Formulierung dieses Teils des «Vaterunsers» bitten wir Gott um Schutz vor inneren und äußeren Angriffen. Uns ist bewusst, dass nicht alles Schwere, das uns trifft, nur mit bösen Mächten, Umständen oder andern Menschen zu tun hat, sondern dass auch ein beträchtlicher Teil aus uns selbst kommt: Böse Gedanken, Lüge, Verleumdung und vieles mehr.[3]

---

1 Matthäus 18,22
2 1. Mose 22,1 / 5. Mose 8,2 / Matthäus 4,1
3 Matthäus 15,18

Blau: Dein ist das Reich, die Kraft, die Herrlichkeit in Ewigkeit

Zum Schluss des Gebets richten wir uns nochmals auf Gott aus. Ehre, wem Ehre gebührt. Wir umrahmen sinnbildlich die drei Bitten mit der Ausrichtung auf Gott.

Mit diesem Schlusslob an Gott (das ursprünglich aus dem Dankesgebet von David für den Tempel stammt[1]) schauen wir auf zum blauen Himmel. Unsere Gedanken verlassen die Erde wieder und schweifen dorthin, wo die alleinige Kraft und Herrlichkeit ist. Und das für immer und ewig. Dieser Ausblick zum Ewig-Allmächtigen hilft uns zum Schluss, die Perspektiven auch für unser Leben richtig zu sehen.

Grün: Amen, so sei es, so passt es.

Wenn sich zum Schluss der gelbe Daumen und der blaue kleine Finger berühren, dann schließt sich das Gebet. Durch diese Berührung der beiden auf Gott ausgerichteten Gebete entsteht das grüne Amen auf der Handrückseite. Gleichzeitig bedeutet diese Geste der drei Finger in die Höhe das «Pfadfinder-Ehrenwort»: Mit dem hoff-

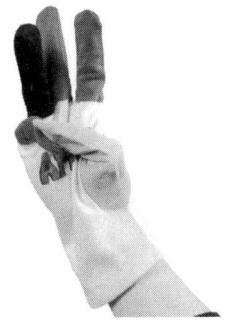

---

1   1. Chronik 29,11-13

nungsvollen grünen Amen sagt Gott «so sei es» zu unserem Gebet, er bestätigt es mit der Verheißung, dass er uns gehört, vielleicht sogar schon erhört hat.

Nun ist unsere Hand geöffnet, die Finger zeigen nach oben: Nur mit geöffneten Händen und Herzen kann man richtig beten. Während des «Vaterunsers» ist etwas mit uns geschehen.

Topseller

Auch als Verteilheft
Softcover A6

Das Glaubensschiff

Das Glaubensschiff will sinnbildlich den biblischen Plan Gottes zeigen, wie die Menschen zurück ins Paradies finden können. Im christlichen Glauben verlangt Gott nicht, wie in anderen Religionen, die Anstrengung des Menschen, sich selbst zu erlösen, zu reinigen oder zu rehabilitieren. Der Gott des Christentums macht diesen Schritt selber und ebnet den Weg für alle, die diesen Weg einschlagen möchten.

Im vorliegenden Buch wird das Paradies durch eine blühende Insel dargestellt, welche aber rundherum von einer unüberwindbaren Klippe umgeben ist. Nur ein Rettungsschiff kann die im Meer treibenden Menschen wieder auf diese Insel bringen. Jeder Mensch kann aber selber entscheiden, ob er in das Schiff einsteigen will. Kinder und Jugendliche können durch diese Bilder die biblische Botschaft, welche sich vom Alten Testament bis zur Offenbarung im Neuen Testament durchzieht, besser verstehen. Sie können sich so ein Bild des Heilswegs machen und sind dann auch in der Lage, eine Entscheidung für ihr Leben zu fällen. Jedes Bild und jedes Gleichnis hat seine Grenzen. Deshalb will dieses Buch die Bibel nicht ersetzen, sondern nur mithelfen, die oft schwierigen Zusammenhänge zu erklären.

Hardcover, A4, 48 Seiten, farbig, Art.-Nr. A07 - **Heft, A6,** 60 Seiten, farbig, Art.-Nr. A07-1

Das Buch eignet sich zum Verteilen an Kindergruppen,
Jungscharen, Konfirmandenklassen etc.